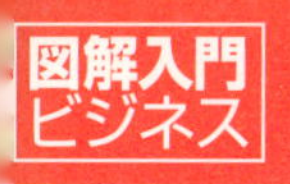

Shuwasystem Business Guide Book　How-nual

最新 事業承継の対策と進め方がよ～くわかる本

特例措置のポイントと活用を徹底解説！

［第3版］

弁護士法人
リバーシティ法律事務所　監修

秀和システム

はじめに

中小企業の経営者の中で、そろそろ引退を考えているが、後継者に会社を継がせるのにはいったいどうしたらよいのか、会社を残したいが適当な後継者がいなくて困っているといったことで悩んでいる方が多数いると思います。

そのような方は、新聞などに「事業承継」という活字があれば熟読し、商工会議所や商工会のセミナーなどに熱心に参加しているでしょう。

しかし、「話を聞いたときは、なんとなくわかったけれど、今では内容については、ほとんど覚えていない」、「抽象的にはわかるけれど、具体的に何をやったらよいのかわからない」、「話を聞いたり読んだりしたけれど、何か難しそうで、大変だ」、「やらなければならないと思うけれど、今は毎日の仕事で忙しいので時間がとれない」などの理由から、事業承継の問題については、ついつい、後回しになっているケースがほとんどではないでしょうか。

しかし、事業承継の問題は、決して難しくありません。事業承継は計画を立てて行えば誰でもできます。しかも、早く始めれば始めるほど有利です。

政府は、わが国における中小企業の役割を考慮して、中小企業の事業承継が円滑に進む制度を設けています。税金面では相続税などの負担が軽くなるようになっています。法律面では、民法の相続税の改正により、事業承継の支障にならないように、遺留分減殺請求権の中身が変更されました。また、事業承継を行う際に資金が足りない場合は、その支援も受けることができます。事業承継を行うには今がチャンスです。将来、後継者となる予定の息子さんや娘さん、従業員の顔を思い浮かべて、今日から、事業承継の準備にとりかかってください。

本書は、そのための十分なお手伝いができると思います。これから事業承継を行おうとしている経営者の方、事業承継を行うのはもう少し先だけれど、あらかじめ事業承継の内容について簡単に知っておきたい経営者の方、また、事業承継の相談を受けている税理士、金融機関の方などを主な対象として、事業承継の基礎知識、アドバイス、注意点、実際の手順などをできるだけわかりやすく解説しました。

この本をきっかけとして、読者のみなさまの会社の事業承継が成功することを願っています。

2019年2月

弁護士法人リバーシティ法律事務所

図解入門ビジネス 最新 事業承継の対策と進め方がよ～くわかる本［第3版］

CONTENTS

第2章 M&Aによる事業承継

第3章 親族内事業承継

第4章 従業員などへの事業承継

第5章 法律面から見た事業承継の注意点

第6章 税金面から見た事業承継の注意点

第7章 事業承継税制の知識

第9章 事業承継計画とは

第10章 事業承継計画表を作る

参考資料

第1章

事業承継とは

国内企業の大半を占める中小企業は、日本経済を支える基盤ですが、経営を引き継ぐ後継者がいないため、廃業に追い込まれるケースが増えています。

ここでは、これから事業承継を検討しようかと思っている経営者のために、「事業承継とは一体全体どのようなものなのか?」という点について簡単に解説します。次に、事業承継を成功させるにはどのような点に気をつけたらよいのかについても考えてみます。さらに、事業承継をスムーズに行えるようにするために作られた、経営承継円滑化法の成立の背景についても簡単にふれます。

1-1 事業承継とはなにか
代表取締役の交代と、自社株式、事業用資産の譲渡

事業承継とは、経営者としての地位を後継者に譲り渡すことのほかに、株式や事業に使っている土地・建物、預金・現金といった一切の財産を譲り渡すことです。

事業承継とは

「事業」とは、一般に「営業」と呼ばれているものと同様に考えてよいでしょう。

すなわち、個々ばらばらの財産ではなく、1つのまとまりをもった財産が事業にあたります。

事業を構成する個々の動産・不動産は事業のために一体として活用されるからこそ、経済的に重要な役割を果たします。たとえば、工場に設置されている機械は、工場という場所で、機械を扱うことのできる技術者がいて機械としての役割を果たすのであり、工場以外の場所にあり、単に放置されているのであれば、ただの鉄のかたまりにしかすぎません。

このように、事業承継とは**事業を1つのまとまったものとして承継させることにより、その事業が持っていた社会的な役割・経済的な役割を後継者に引き継がせて守ることができる**という意味で、社会経済上も非常に重要なものなのです。

事業承継の中身は？

事業承継の具体的な中身は、①**経営権の譲渡**、②**自社株式の譲渡**、③**事業用資産の譲渡**です。

①経営権の譲渡

経営権とは、法律上の用語ではありませんが、事業承継について説明するときによく使われます。文字どおりにいえば「経営する権利」ということになりますが、その内容は、企業での経営上の決定権、財産についての処分権、人事権、さらには取引先に対する影響力、従業員やそのほかの役員に対する影響力などの、経営者として持つ一切の権利をいうと考えてよいでしょう。このような経営権は、現経

営者が長い年月をかけて作り上げてきたものですので、後継者が法律的に現経営者の跡を継いで代表取締役になったからといって、簡単に承継できるものではありません。その承継には時間がかかります。

②自社株式の譲渡

中小企業が会社の場合、会社の株式をいかに後継者に承継させるかが、課題になります。後継者が経営を行うのに十分な株式を持たない場合には、会社の運営は阻害されることになってしまいます。そこで、事業承継については自社株式をいかにして後継者に集中させるかが問題となるのです。

③事業用資産の譲渡

中小企業の場合は、事業用資産の一部が現経営者の個人所有であることがあります。その場合は、この事業用資産を後継者に移転させることも事業承継の内容になります。事業用資産がなければ企業としての活動ができなくなってしまいます。

事業承継とは経営権、自社株式、事業用資産の譲渡

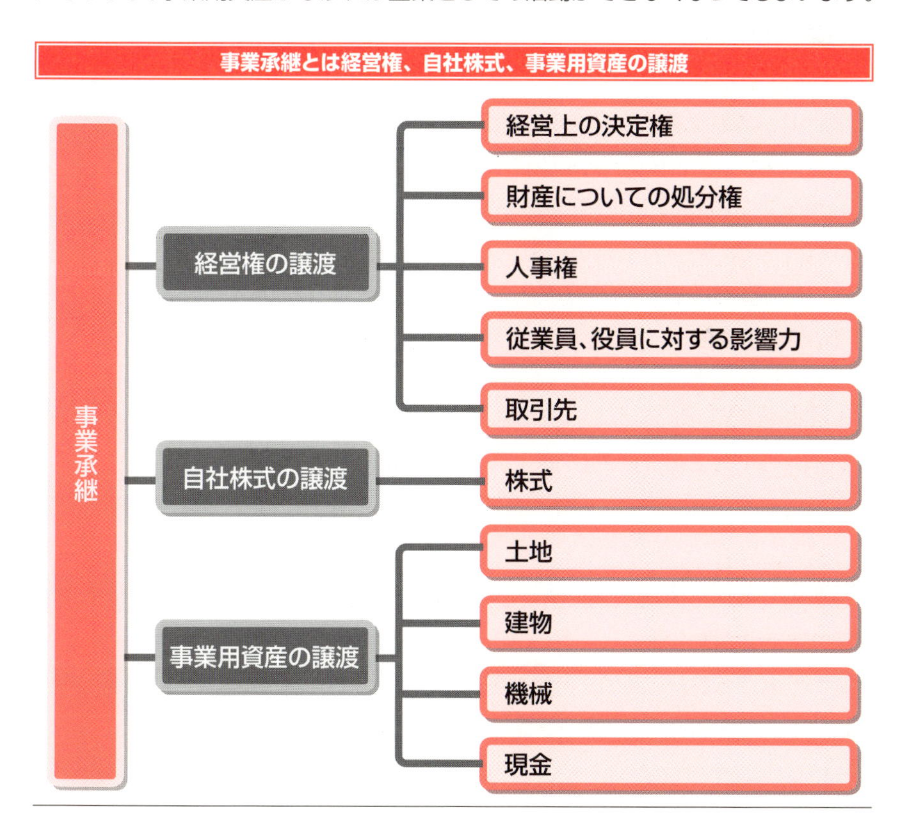

1-2
誰に事業を継がせるか
後継者の候補を考えるには

現経営者は、家庭、会社、社会という少なくとも3つの場面でかかわりを持って生活しており、それぞれの場面で後継者の候補を考えることができます。

親族の候補者

①現経営者の子

現経営者に、息子、娘がいれば自分の子供に事業を継がせたいと思うのは、人間としてきわめて自然な感情です。親が子に自分が大事にしているものを引き継がせたいと思うのは、万国共通であり、誰も否定できないでしょう。現経営者である親が働く姿を自分の子供に見せ、会社での出来事を家庭で話すことで、子供は、親の行っている事業の中身を小さいころから徐々に理解することができるため、後継者ということを最も身近に感じることができます。

わが国では、娘は嫁いで家を出ることが多く、会社に残って親の手伝いをするのは現経営者の息子であるケースが多いため、息子が現経営者と最も近い距離にあり、最も有力な後継者であることは間違いありません。

②そのほかの親族

仮に、現経営者の子供が事業を継がない場合にも、自分の血のつながった者に事業を継がせたいと思うのは自然な流れです。自分の息子・娘が事業を継がないのであれば、孫・甥（おい）・姪（めい）に継がせたいと考えるでしょう。また、自分の配偶者に継がせたいと思う場合もあるでしょう。

親族以外の候補者

①現経営者以外の役員

現経営者が何人かと共同で事業を起こし、成功させた場合には、一緒に苦労をともにしてきたそのほかの役員に事業を継いでもらいたいと思うことも自然でしょう。

②従業員

従業員の中に、これはと目をつけた人がいて、その人に事業を継がせれば会社の将来は安心だと考えれば、従業員に継がせることもあるでしょう。

③取引先や同業者

親族にも会社内にも事業を承継させるのに適当な人物がいない場合には、事業の内容をよく知った取引先や同業者に事業を引き継いでもらうことも考えられます。

同業者であれば、事業の内容を十分に理解しているでしょうから、従業員も安心です。取引先であれば、会社の中身についてよく知っていますから、それを前提に事業を引き継ぐのであれば安心です。

④なんらの関係もない第三者

今まで会社となんらの関係もない第三者であっても、新規事業に乗り出そうという場合には事業の後継者となることもあります。近年は、この第三者に対する事業承継が増加する傾向にあります。

後継者の候補は家庭、会社、社会に

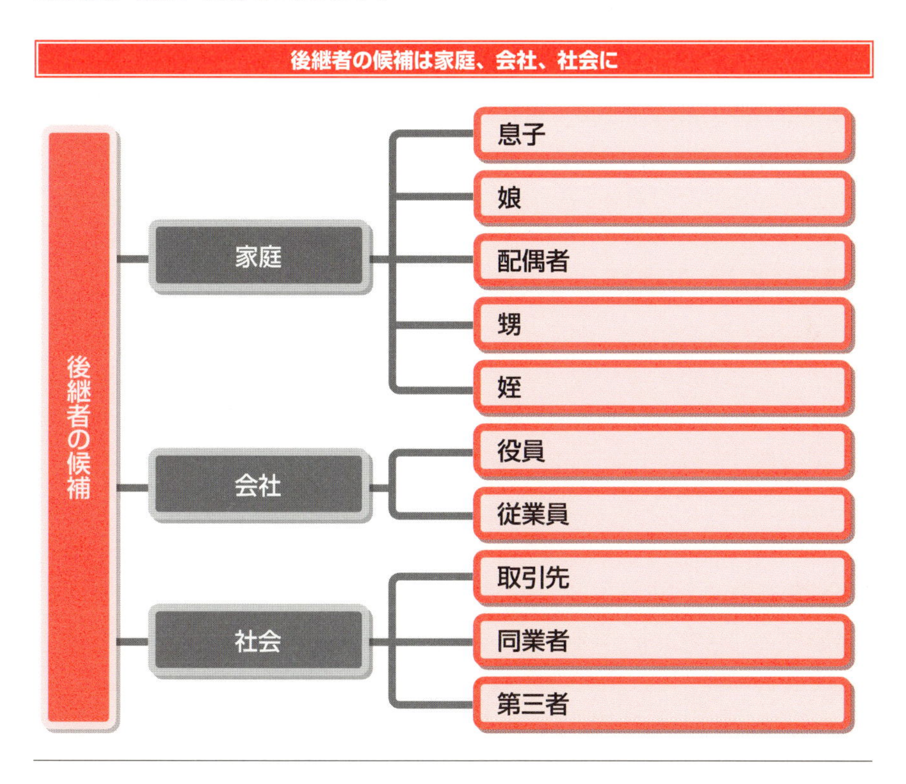

1-3 事業承継にはどんな方法があるか

親族内承継、従業員などへの承継、M&Aを検討

事業承継の方法としては、後継者に応じて、①親族内承継、②従業員などへの承継、③M&Aがあります。かつては、親族内承継が9割を超えていましたが、近年は、従業員や社外の第三者への承継が増えています。

親族内承継

親族内承継は、現経営者の息子・娘・配偶者・甥・姪を後継者として事業承継させる場合です。親族内承継は、割合は低下しているものの、現在でも事業承継の中心的形態であることには変わりがありません。親族内承継が多い理由の第一としては、取引先や従業員などから、心情的に受け入れられやすいからと思われます。取引先は、取引を通じて現経営者の親族と顔見知りであることが多いし、また、中小企業の場合は家族的な雰囲気が強いので、従業員は現経営者を通じて親族の様子も知っているからです。後継者が、前から現経営者とともに会社に入って従業員とともに働いていれば、なおさら抵抗なく受け入れられやすいでしょう。

従業員などへの承継

従業員などへの承継は、他の役員や従業員を後継者として事業を承継させる場合です。現経営者はその従業員などの能力については十分に知っているので、後継者として選ぶことができるのです。中小企業の場合は規模が小さいため、親族でなくても、家族のような関係が築かれていることが多いので、親族の場合ほどではありませんが、心情的に抵抗は少ないでしょう。

M&A

M&A*（企業の合併・買収）は、同業者、取引先、そのほかの人に事業を承継させる場合です。事業としての将来性があり、会社の財務状況も問題がないのであれば、第三者に事業を承継させるM&Aの方法を検討すべきです。

---

* **M&A**　Mergers and Acquisitionsの略。

同業者で適当な譲渡先があれば、その会社に承継してもらうのがよいでしょう。

同業者であれば、事業の内容についても理解が容易ですし、取引先や従業員に与える影響も最小限にとどまるからです。また、取引先も会社の中身について理解しているので、譲渡先には向いています。どうしても適当な譲渡先が見つからないのであれば、各地に設置されている**事業引継ぎ支援センター**を利用して、新規事業として興味を持っている人を紹介してもらうとよいでしょう。

親族、従業員、同業者などにも適当な後継者が見つからない場合、現経営者は、事業の**廃業**について決断を迫られます。その場合は、取引先や従業員に対する影響を最小限にするため、会社に体力のあるうちに廃業の手続きを行うべきでしょう。企業に体力があれば取引先への支払いも可能ですし、従業員への給料・退職金も支払うことができるからです。

事業承継の方法は、取引先や従業員への影響が少なく心情的に受け入れられやすい、親族内承継、従業員などへの承継、M&Aの順序で検討するのが一般的です。

親族外承継の推移

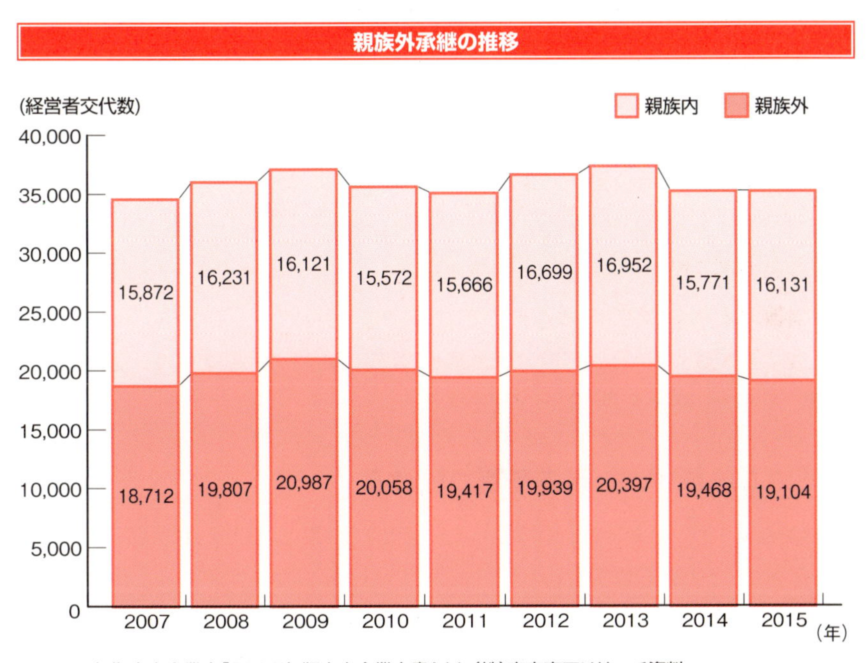

出典:中小企業庁『2017年版中小企業白書』より(株)東京商工リサーチ資料

1-4

事業承継にはどんなメリットがあるか

現経営者と後継者、その家族には

事業承継は、現経営者は生活資金を確保するという点でメリットがあります。これから経営者になる後継者には、すでにできあがった事業を譲り受けるという点でメリットがあります。

事業承継によって生活資金を確保

中小企業の経営者の多くは、会社を自分で起業したオーナー経営者です。このような経営者は、自社株式のほとんどを所有していますので、**引退する際に保有する自社株式を後継者に売買することで、生活資金を確保**することができます。

会社の事業用資産が現経営者の個人名義である場合も、後継者に売買することで、同様に生活資金が確保できます。

また、現経営者にとっては、自分が築き上げてきた大事な**事業を存続させることができます**。中小企業の廃業の原因として、適切な後継者が見つからない場合が相当数あることを考えると、重要なポイントです。

現経営者にとって事業は、幼いときから世話をした「自分の大事な子供のような存在」です。その大事な子供を後継者に託し、さらに大きく育ててもらうことに現経営者は精神的満足感を得ることができます。

さらに、事業承継においては、**現経営者は誰に指示されることなく、自由に自分の気に入った後継者を選ぶことができます。**

すでにできあがった事業を譲り受ける

後継者は、すでに事業として成立しているものを譲り受けることができるという大きなメリットがあります。

初めから事業を起こすのであれば、事務所を借りる、事務所の備品をそろえる、従業員を募集する、取引先を開拓するなどあらゆることを一から始めなければなりません。そのためには、多額の費用と時間がかかります。

しかし、**事業承継によってすでにできあがっている事業を譲り受けるのであれば、多額の費用も時間もかかりません**。また、事業が成長していく過程では、取引先の倒産に巻き込まれるなどのリスクがありますが、すでにできあがっている事業を譲り受けるのであれば、そのようなリスクも問題になりません。

家族の生活が安定する

中小企業の場合、現経営者・後継者の家族は、その企業に雇われて生活をしていたり、個人資産を提供していたり、多かれ少なかれかかわりを持っていると思われます。そのような関係は、事業承継をすることによって、原則として事業承継前と同じように維持されますので、**生活が安定する**という意味で、現経営者・後継者の家族にも大きなメリットがあります。

事業承継によって生活資金を確保する

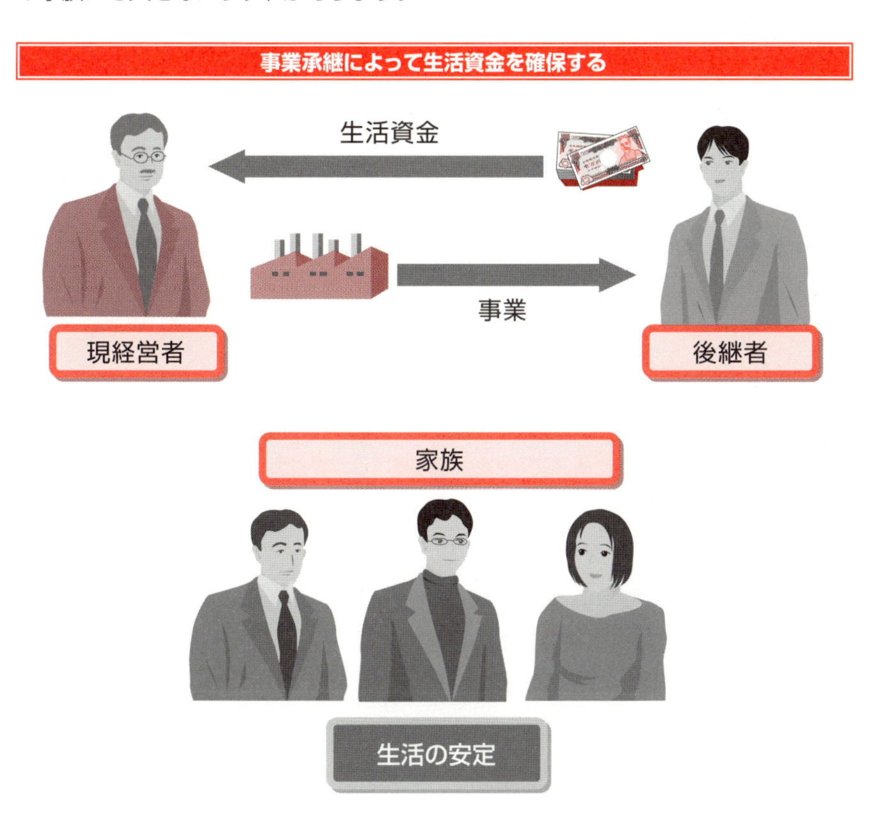

1-5
事業承継は会社を強くする
企業の体質改善と若返り

事業承継を行う際には、その前提として、企業の実情を把握しなければならず、それをきっかけとして、企業の体質改善がはかられます。このことは、そこで働く従業員や取引先にも大きなメリットを与えることになります。

体質改善

事業承継は一朝一夕にはできませんので、実行を確実にするためには、そのための計画を立てなければなりません。計画は、やみくもに立てても実現は不可能です。計画を立てるには、まず、その企業の実情について正確に把握しなければなりません。

実情を把握すると､企業に問題のあることが判明する場合があります。たとえば、財務上の問題や、従業員の問題などです。問題点が発見されたら、当然、その改善を行わなければなりません。

問題点の改善を行ってから事業承継を行うのか、事業承継と並行して問題点の改善を行うのかですが、十分な時間をとって事業承継を行うような企業はごく少数だと思われますので、事業承継と並行して、企業の持っている問題点の改善を行っていけばよいでしょう。

問題点が解決されれば、**企業の体質が改善され**競争力も増加することになります。

若返り

事業承継により後継者に経営者が変わることで、通常、経営者の年齢は相当に若返ります。このことは、**企業自体の若返り**にも役立ちます。元の経営者とは違った視点から新しい経営者が企業を見直すことで、今まではタブーとされていたこともタブーでなくなり、企業自体に活気が生まれます。また、新分野へ進出することで、従業員の中に新たなやる気が生まれます。

リスクの減少

経営者が若返ることで、当然、在職中に亡くなる確率は減少するので、経営者の死亡にともなうリスクが減少します。このことは、企業の信用力を増加させ、金融機関からの融資も受けやすくなります。

雇用や取引関係も維持される

従業員は、事業が承継されることにより、原則として事業承継前と同様に、その企業に勤めることができますので**雇用が維持**され生活が安定するというメリットがあります。

取引先は、事業承継によって、その企業が事業承継前と同様に継続することにより、**取引関係も維持**されるというメリットがあります。

経営者交代で変化した年齢の分布（親族内・親族外）

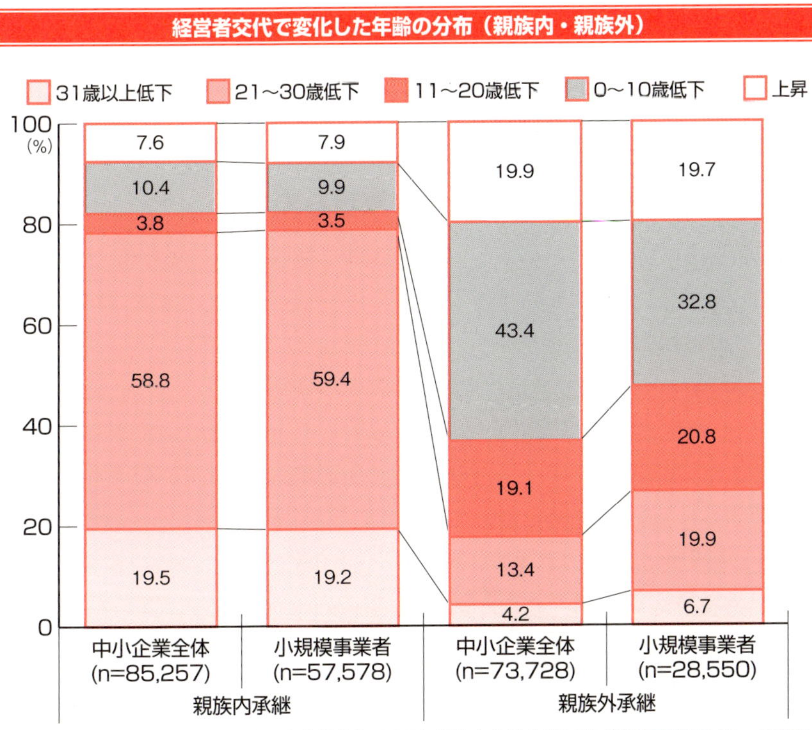

出典:中小企業庁『2017年版中小企業白書』より(株)東京商工リサーチ資料

1-6
事業承継を成功させるキーポイント
とにかく早く着手し、時間をかけること

中小企業における事業承継は、とにかく早期に着手することが必要です。また、大企業と違って、①ある程度時間をかけて行うこと、②人間関係の面にも配慮して行うこと、③現経営者と後継者がお互いに信頼して実行することが必要です。

オーナーの個性が強く影響する

中小企業は、大企業と違って規模が小さいため、一般的に経営者の個性が強く現れます。取引先は**経営者イコール会社**と考えるのが一般的です。取引先は「甲社長」の経営するA社というように評価します。甲さんが経営しているからA社は信頼できるというように、経営者が誰であるかを重視するのです。そうなると、現経営者が交代することは、取引先にとっては相手方の一体性が失われることになり、今までとは違った対応をとられる場合もあります。

時間をかけ計画的に行うこと――先手必勝！

中小企業の場合は規模が小さく、組織も必ずしも整備されていないため、経営者が急に変わることは組織に大きなストレスを与えることになります。体でいえば、いきなり最も重要な頭の部分が付け替えられるようなものです。そのほかの体の部分を構成する従業員は、たまったものではありません。そこで、事業承継を行うには、時間をかけて計画的に行うことが重要です。具体的には10年くらいの時間をかけて行うとよいでしょう。**現経営者の引退年齢を考えて、引退する年から10年逆算した年から始めるとよい**でしょう。

中小企業の経営者の引退予想年齢は68～69歳ですので、現経営者が58～59歳のときから準備することが必要となります。

人間関係を重視して行うこと

中小企業は、大企業と違って、よくも悪くも経営者の個性が重視されます。取

引先や従業員は、経営者が誰であるかを重視します。

取引先や従業員から信頼されるためには早くから会社に入り取引先と付き合うとともに、従業員の中に溶け込み、一緒に汗を流し苦労を共にすることが必要です。

従業員は、事業の後継者が自分たちと一緒に汗を流して仕事をしたことを忘れず、働いてくれるはずです。そのときに築かれた信頼関係は、後継者が経営者となったときには大きな財産になるはずです。中小企業の場合は、大企業に比べて高い賃金が支払われるわけではないので、従業員と経営者との信頼関係が、従業員の勤労意欲にとって重要な要素になる面もあります。

現経営者と後継者の信頼

さらにいえば、**事業承継の際には現経営者と後継者が互いに信頼して行うことが必要**です。現経営者と後継者との間に激しい争いがあるようでは、会社の運営も阻害されるばかりか、それを見た取引先も従業員も、現経営者から離れていきます。このような状態では、取引先も従業員も後継者についていくことはできず、事業承継は不可能になってしまいます。

経営者の年代別に見た、事業承継の意向

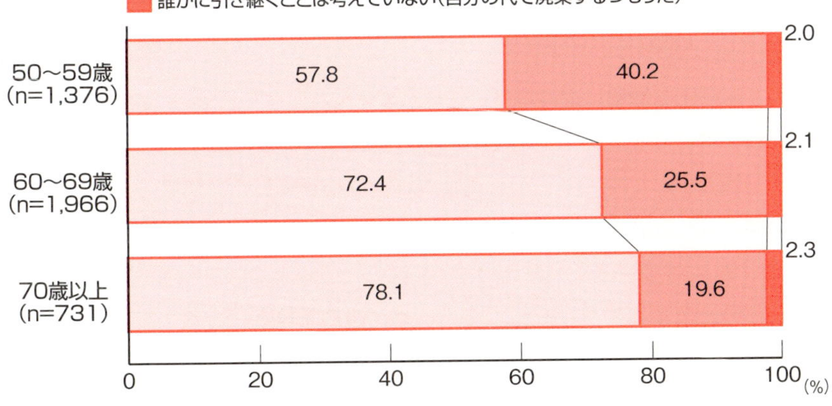

出典:中小企業庁『2017年版中小企業白書』より　中小企業庁委託「企業経営の継続に関するアンケート調査」(2016年11月、(株)東京商工リサーチ)

1-7 現経営者の心がけること まだまだ現役を退きたくなくても

現経営者の中には、早く現役を退いて悠々自適の生活を送りたいという人もいれば、自分はまだまだ現役でやれる、後継者にバトンをタッチするにはまだ早いという人もいますが、それぞれ、事業承継については真剣に考えなければなりません。

早く現役を退きたいタイプ

すでに十分に働いたので、早く誰か適当な後継者を探して現役を退き、悠々自適な生活を送りたいというタイプの経営者は、現役に執着がないため、事業承継自体は表面的にはスムーズに行われると思われます。

しかし、現役へのこだわりのなさから、「事業承継さえできればよい」などという安直な考えに陥っていないか、自己の利益のみを重視することに陥っていないかを考えなければなりません。

まず、**拙速であってはいけません**。事業承継は、取引先との関係を維持するとともに、従業員からも支持されなければなりませんので、計画的にある程度時間をかけて行わなければなりません。自分はもう現役から退くからといって、単に後継者に承継させればよいと考えるのでは、会社は衰退し取引先や従業員に迷惑をかけることになります。

また、**承継先は慎重に選ばなければなりません**。高値で買ってくれるからといって、自らが育ててきた後継者候補を無視して、今まで全く関係のない第三者に事業を売り渡すのは危険です。そのような場合は往々にして従業員の支持が得られず、事業が傾く可能性が高いと考えられます。

現経営者は、自分1人で事業を行っていたわけではありませんので、残った従業員のことも考えて事業承継を行うべきです。事業承継を行ったことによって、従業員から非難を受けるような形の事業承継はできるだけ避けるべきです。「立つ鳥跡を濁さず」ということです。

まだまだ現役にこだわりのあるタイプ

問題は、まだまだ現役を退きたくないと考えているタイプの経営者の場合です。

自分は元気で、取引先や従業員からも絶大な支持を受けている。それに対して、後継者は頼りないことこの上ない。引退なんて考えられない。

もし自分が事業承継を受けたのであれば、そのときのことを思い出してください。そのとき、自分は経営者として完璧であったのか？　後継者としてふさわしかったのか？　そうすれば、後継者に対する見方も変わってくるでしょう。**今の後継者と自分を比べてはいけません。**きっと後継者をふがいないと感じるでしょうが、むしろ、後継者を育てるぐらいの気持ちで接するとよいでしょう。

自分が起業した現経営者の場合は、**10年後の会社のことを考えてください。**男性の生存率は60歳を超えたあたりから大きく下降しますので、そのころまでに、事業承継について考えておかないと、会社にとって大きなリスクとなることを認識しなければなりません。

突然、現経営者が亡くなることもあります。また、突然、意思決定能力が低下する場合もあります。このようなリスクを考慮しない企業の経営は、取引先や従業員からも支持されず、また、取引先、従業員に迷惑をかけるおそれがあります。会社を起こしたのは自分ですが、取引先や従業員から支持されたからこそ順調にやってこられたことを忘れてはなりません。

経営者の年代別に見た、経営や資産の引継ぎの準備を勧められた割合（中規模法人）

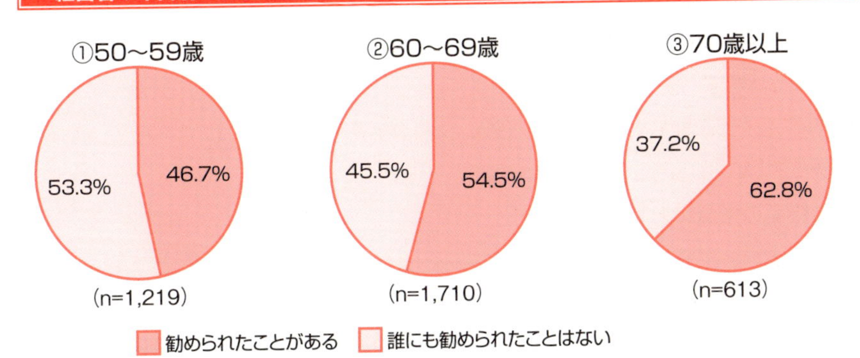

出典:中小企業庁『2017年版中小企業白書』より 中小企業庁委託「企業経営の継続に関するアンケート調査」(2016年11月、(株)東京商工リサーチ)

1-8
現経営者が後継者に配慮すべきこと
やるべきことと、やってはならないこと

現経営者は、事業譲渡を円滑に行うため、後継者に対して、いくつかの点について配慮すべきです。また、やってはならないことにも注意しなければなりません。

やるべきこと3箇条

①後継者教育には積極的に取り組む

後継者は将来、事業の主体となっていくのですから、経営者としてふさわしい能力を身に付けなければなりません。そのため、後継者に対して**後継者教育**が必要となります。

具体的には、会社内で責任ある地位につけて実力をつけさせる、事業に関連する他社に一定の期間勤務させることで人脈を形成させる、セミナーや研修会に積極的に参加させ必要な知識を習得させるなどが考えられます。

しかし、これだけでは不十分です。会社にはそれぞれ他社とは違う特徴があります。従業員との付き合い方、取引の相手方との対応の仕方などがあり、これらについては、現経営者が後継者に対して直接教えなければなりません。

②現経営者から積極的に信頼関係を築く

事業承継がうまくいかなくなる大きな原因の1つに、現経営者と後継者との信頼関係がなくなることがあります。これは、現経営者と後継者との間のコミュニケーション不足によります。

そこで、仕事が終わってから一緒にお酒を飲みに行くなどして、お互いの本音を語り合い、積極的に**信頼関係**を築くべきです。

③後継者の意見にも耳を傾ける

後継者も、現経営者と同様に会社をよくしようと思っており、現経営者に意見をいうこともあります。後継者が現経営者に対して意見をいうには勇気がいります。意見を採用するかは別として、少なくとも**耳を傾ける**ことだけは心がけましょう。

やってはいけないこと（タブー）3箇条

①必要以上に威張る

後継者は常に、現経営者に対して気を遣っていますが、それをいいことに必要以上に威張ってはなりません。

②事業承継をちらつかせて無理難題を押し付ける

後継者に事業を継がせるかどうかは、最終的には、現経営者の意思によることが多いでしょう。だからといって、そのことをちらつかせて、後継者に対して無理難題を押しつけてはなりません。

③後継者のミスを必要以上に責める

後継者は現経営者に比べて、経験も未熟であり、能力も不十分なため、ときにはミスもおかします。だからといって必要以上に責めると、後継者は萎縮してしまい、将来事業を承継した場合、正しい経営判断ができなくなってしまいます。

現経営者がやるべきことと、やってはならないこと

1　後継者教育

2　後継者と信頼関係を築く

3　後継者の意見にも耳を傾ける

やってはならないこと3箇条

1　威張る

2　事業承継をちらつかせて無理を押しつける

3　ミスを必要以上に責める

1-9 理想的な事業承継とは
取引先や従業員との信頼関係も引き継ぐ

事業承継は、対外的にも対内的にも影響を与えます。取引先や従業員が意識することなく、現経営者から後継者に事業承継が行われていれば、それは理想的な事業承継といえるでしょう。

取引先との関係

中小企業は、大企業比べて規模が小さいため、よくも悪くも経営者の個性が重視されます。取引先は、経営者が誰であるかを重視します。中小企業は規模が小さいため、企業の経営方針、従業員の接客態度などに経営者の個性が影響を与えます。

したがって、経営者が交代することを前提とする事業承継は、取引先に対し現経営者と違うことが行われるのではないか、現経営者は信頼できるが新しい後継者はどのような人柄かわからないという不安を与えるおそれがあります。それが原因となって、場合によっては取引の規模を縮小されることもあり得るでしょう。あるいは、現経営者との個人的なつながりによって取引が行われていた場合には、経営者の交代は取引の打ち切りを引き起こすかもしれません。

現経営者と後継者は、そのような事態を避けるためにあらゆる方策をとり、**現経営者と後継者との断絶をなくし、後継者がごく自然に取引先と接することができるように**しなければなりません。後継者は、現経営者が取引先と会うときにも必ず同行して顔をつなぐとともに、徐々に現経営者に代わって取引にかかわっていくことが必要です。

従業員との関係

従業員の多くは現経営者と苦労を共にしてきています。現経営者のためなら大げさにいえば命をかけてでも働くという従業員もいます。そのような中に、後継者がいきなり入って行ってうまくいくわけがありません。従業員は現経営者と深い信頼関係を築いていて、それが企業活動の基礎になっています。

とくに中小企業の場合は、人数が少ない分、経営者と従業員との距離は近く、信頼関係はより重視されます。したがって、**事業の後継者は早くから従業員との信頼関係を築くための努力をしなければなりません**。それぞれの従業員がどのような仕事をしているのかを自分自身で経験して、内容を一通り理解することが必要です。

また、つとめて従業員とのコミュニケーションをとり、従業員にどのような人柄かを理解してもらうようにすべきです。そのような姿を見た従業員は、きっと事業の後継者として協力してくれるでしょう。

このような理想的な事業承継は一朝一夕には行えません。しっかりとした事業承継の時期を決め、それを実行するための綿密な事業承継計画を立て、ゆっくりと時間をかけて行うことが必要となります。

取引先、従業員との信頼関係を作ることが大切

新しい社長はどのような人だろう？　今までどおり取引してもよいだろうか？

取引先

新しい社長はどのような考えをもって会社を経営するのだろう？

従業員

事業承継から生まれる不安

取引先、従業員との信頼関係を作る
・現経営者とともに取引先を回る
・従業員とコミュニケーションをとる

1-10 事業承継を政府がサポート
経営承継円滑化法成立の背景

中小企業における経営の承継の円滑化に関する法律、いわゆる「経営承継円滑化法」が2008年10月1日に施行されました。なぜ、この法律の制定が必要だったのでしょうか。

中小企業の後継者不足が深刻に

中小企業は、わが国の経済において重要な役割を果たしています。具体的には、地域経済の重要な担い手であったり、雇用の確保という面で貢献していたり、大企業にはないような高度な技術を保持していたりします。

少子高齢化社会を迎えるにあたり、このような中小企業が**後継者不足**で危機に瀕していることが問題となりました。

『中小企業白書2006年版』では、自分の代で廃業を検討している企業のうち、後継者不足を理由とするものが24.4%ありました。当時年間29万社が廃業していたので、約7万社が後継者不足による廃業と推定され、後継者不足による廃業によって、失われる従業員の雇用は約20万人～35万人になるといわれていました。このことは、雇用の面から見ても、わが国の経済において重大な影響を与えるとともに、地域経済にも重大な影響を与えることになります。

中小企業において事業承継がスムーズにいっていないことは、図を見てもわかります。30年以上前は、経営者の平均引退年齢が60歳台前半だったのに対し、9年前からは、経営者の引退年齢が60歳台後半から70歳前後と高齢化しており、規模別に見ると小規模事業者ほど引退年齢が高くなっています。

このことは、**後継者が見つからない、すなわち、事業承継がスムーズに行われていない**証左にほかなりません。

なぜ後継者が見つからないのか

事業承継がスムーズに行われない理由としては、次のような原因が考えられます。

まず、事業承継のために、現経営者が後継者に対し、現経営者が元気なうちに贈与するいわゆる「**生前贈与**」をしようとしても、もしくは相続で自社株式や個人名義の事業用資産を譲り渡そうとしても、相続発生後に相続人から文句をいわれ、親族間で相続について、いわゆる骨肉の争いが生じることがあります。そのため、現経営者が後継者に、思い切って自社株式や個人名義の事業用資産のすべてを引き継がせることができなくなるケースです。

次に、事業承継のために、後継者が自社株式や事業用資産を取得しようとしても、必要なお金が用意できず、後継者が事業承継を断念せざるを得ない場合があります。

また、現経営者が後継者に対して、自社株式や事業用資産を生前贈与や相続で譲り渡す場合は、その額が大きいと多額の税金がかかります。しかし、後継者がその納税資金を用意できないため、事業承継ができないケースがあります。

そこで、このような問題に対応するために、「**中小企業における経営の承継の円滑化に関する法律（経営承継円滑化法）**」が、2008年5月に第169回通常国会で成立し、2008年10月から施行されました。

規模別・事業承継時期別の経営者の平均引退年齢の推移

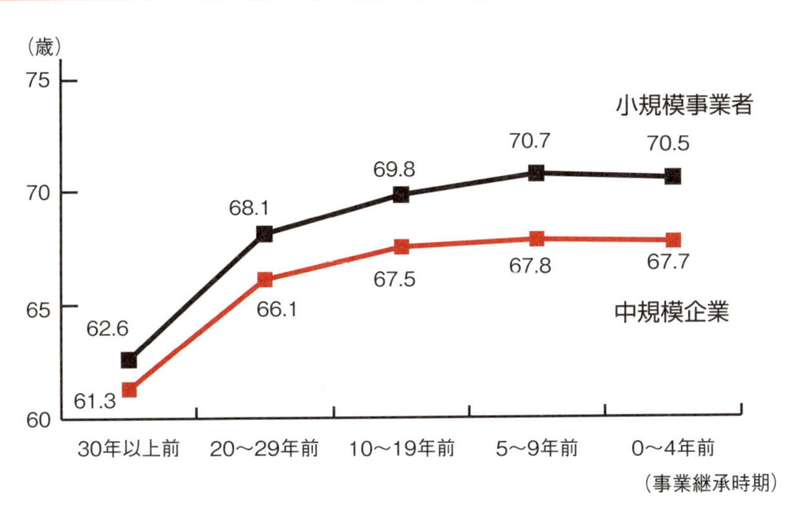

出典:中小企業庁『中小企業白書2013年版』より（株）野村総合研究所「中小企業の事業承継に関するアンケート調査」（2012年11月）

1-11 経営承継円滑化法とは
遺留分特例と金融支援、プラス事業承継税制

経営承継円滑化法は、遺留分に関する民法の特例、事業承継時の金融支援措置、事業承継税制適用のための基礎となる認定制度などが定められた、中小企業の事業承継支援のための法律です。

経営承継円滑化法の目的

中小企業は、さまざまな事業分野において特色ある事業活動を行い、また、各地で多様な就業の機会を提供するなど、日本経済の基盤を形成しています。

しかし、事業承継の準備が不十分なまま、経営者が体調を崩して突然引退したりすると、その影響が事業活動にまで及びやすく、場合によっては廃業せざるを得なくなることもあります。

経営承継円滑化法は、中小企業が事業承継を進めるうえで障害となる事柄に対し、次のような措置を設けることで、中小企業の経営の承継を円滑化させ、中小企業の事業活動の継続を助けることを目的として制定されました。

経営承継円滑化法が定める支援措置

事業承継が円滑に行われない理由はさまざまですが、経営承継円滑化法は、その中でも、**遺留分**の問題と、**事業承継時に必要になる資金の問題に関する措置**を直接定めています。

遺留分の問題については、後継者と他の推定相続人全員が合意し、**経済産業大臣の確認**を受けたうえで、家庭裁判所の許可を得るなどの手続きを経ることにより、後継者が取得した自社株式を遺留分の対象財産から除外したり、その評価額を合意時に固定したりできる特例が定められています（5-2参照）。

事業承継に必要な資金の問題については、経営承継円滑化法の要件にしたがって**都道府県知事の認定**を受けた中小企業は、中小企業信用保険法による保険が別枠化されることが規定されています。この措置により、信用保証協会の保証も別

枠化されることになり、金融機関から事業承継に必要な資金の融資を受けやすくなります。また、**都道府県知事の認定**を受けた中小企業は、その代表者個人が、日本政策金融公庫や沖縄振興開発金融公庫から、特別金利で事業承継に必要な資金の融資を受けることができます（8-3参照）。

事業承継税制のベースにもなる知事認定

事業承継に関する国の支援策としては、このほかにも「**事業承継税制**」と呼ばれる**相続税や贈与税の納税猶予制度**があります。

相続税や贈与税の納税猶予を直接規定しているのは**租税特別措置法**ですが、納税猶予の適用を受けるためには、経営承継円滑化法に基づいて**都道府県知事の認定**を受けることが要件となっており、事業承継税制も経営承継円滑化法と一体となって中小企業の事業承継を支援する重要な施策です（第7章参照）。

経営承継円滑化法などによる支援措置

民法の特例
①生前贈与株式を遺留分の対象から除外
②生前贈与株式の評価額をあらかじめ固定

金融支援
①中小企業信用保険法の特例
②株式会社日本政策金融公庫法などの特例

事業承継の円滑化

相続税・贈与税の課税についての措置
非上場株式の相続税・贈与税の納税猶予

今問題となっている「事業承継」とは

我が国には、何百年も続いた200年企業といわれる老舗企業が数多くあります。天気のよい日に、東京都中央区日本橋の界隈を散歩すると、江戸時代から続く企業をいくつも目にします。百貨店、食品店、雑貨店などその業種はさまざまです。これらの企業は、古くからそれぞれの家訓や経営理念に基づき、長年その伝統が継承され、今日まで続いています。これらの企業は、日本の経済の屋台骨を支えています。

これに対して、本書が扱う企業は、いわゆる中小企業です。中小企業は、我が国の企業の9割、雇用全体の7割を占めているなど、我が国経済の基盤を支えています。そして、多くの中小企業は、戦後の高度経済成長とともに発展してきました。そのような企業の現経営者の多くは、いわゆる「団塊の世代」であり、団塊の世代がいっせいに退職時期を迎えたこの数年に、後継者への事業の承継をどのように円滑に行うかが問題となります。

ところが、社長の平均年齢は、毎年確実に上昇しており、本書の第1版から10年の間に約1歳高くなっています。このことは、とりもなおさず、後継者への事業承継が思いどおり進んでいないことを示すものです。少子高齢化社会を迎えて、今後も後継者への事業の承継は難しくなっていくばかりです。

従前は、親族への承継が多くを占めていましたが、近ごろは、第三者へ事業を承継する例が増えてきています。また、政府も思うように進まない後継者への事業の承継を後押しするため、全国に「事業引継ぎ支援センター」を整備し、中小企業にもM&Aや事業譲渡の機会を作ろうとしています。

本書が主として扱う事業承継の対象は、戦後の高度経済成長で重要な役割を果たしてきた中小企業です。そのような中小企業では「団塊の世代」といわれる人々が経営者として活躍しているのであり、まさに、**「団塊の世代」から次の世代に対する後継者への事業承継がメインテーマ**となるのです。

中小企業は、確かに、大企業に比べて規模は小さいです。しかし、だからといって事業承継が簡単かといえば、必ずしもそうはいえません。むしろ、後継者がなかなか見つからないというのが現実です。それにどう対処していくのかが今後の課題となります。

第2章

M&Aによる事業承継

M&Aは、大規模な企業だけの話題ととらえられることも多いのですが、中小企業にも大いに活用できる手段です。

ことに、事業承継ではM&Aは非常に有用な手段であり、ここ最近は、実際にM&Aを利用して事業承継を成功させるケースが増えてきています。

この章では、どのようなかたちのM&Aが中小企業の事業承継に適しているかを紹介し、実際の例から、M&Aによる事業承継を成功させるためのポイントや、実施するにあたって注意しなくてはならないポイントを整理しておきます。

2-1 M&Aとは？
事業承継の選択肢の1つに

ここ数年で中小企業のM&Aの件数は着実に増え、事業承継にとっても外せない選択肢となってきています。

中小企業が利用できるM&Aとはどのようなものでしょうか。

後継者がいなくてもあきらめるな！

親族の中にも後継者がおらず、従業員などの中にも適任者が見つからない、といった場合に、事業の継続をあきらめてしまうケースもあるようです。

しかし、このような場合でも、必ずしも事業の継続をあきらなくてはならないわけではありません。

M&Aという方法が選択肢として存在します。

会社が現在保有している資源を活用することを目的として、経営権を移転したり、経営に参加する取引をM&Aといいます。

すなわち、株式の全部（あるいは経営権を握れるだけの多数）を他の会社が取得したり、2つ以上の会社を併せて1つの会社にしたり、会社の事業の一部などを他の会社が買い取ったりすれば、それらはM&Aとなります。

M&Aは悪者か？

M&Aという言葉は、新聞やテレビなどの報道でよく目にします。報道に登場するM&Aは、一般に非常に大がかりなものであるため、中小企業の経営者の中には自分の会社とは無縁のことだと思っている方もいるかもしれません。

しかし、規模の大小にかかわらず、事業の合理化や継続のために事業を他の会社に買い取ってもらったり、他の会社が自社の株式の多くを取得したりすれば、それはM&Aとなるのですから、決して中小企業に無縁のことではないのです。

さらに、報道では、**敵対的買収**、すなわち買収する側の会社が買収される側の会社に対し一方的に経営権を奪おうとするようなケースも取りざたされることがあることから、よいイメージを持てない方もいるかもしれません。

実際には、買収する側と買収される側がそれぞれ合理性を求め、協議のうえで友好的に行われているM&Aの方が、数のうえではずっと多いのです。

したがって、事業承継を検討するうえでも十分に**選択肢の1つとなり得る手段**だということを知っておく必要があるでしょう。

増加している中小企業のM&A

M&Aの件数はリーマンショック以降、数年は下火になったものの、近年急激に増加の傾向にあります。

また中小企業のM&Aについては、事業承継の観点から、国も施策に重点を置いています。

現在、各都道府県に**事業引継ぎ支援センター**が設置され、M&Aの相談やマッチングの支援をしています。

この事業引継ぎ支援センターの詳細については2-12で説明します。

事業の譲渡・売却・統合（M&A）の検討状況

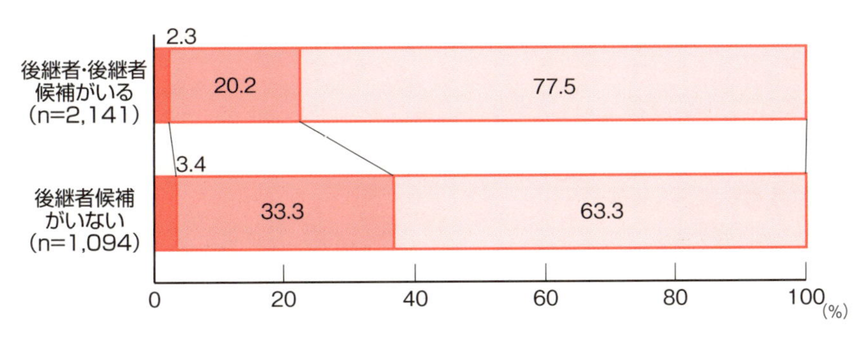

出典:中小企業庁『2017年版中小企業白書』より　中小企業庁委託「企業経営の継続に関するアンケート調査」（2016年11月、（株）東京商工リサーチ）

2-2
M&Aのメリットは？
廃業するよりもずっと有利な方法

M&Aには、従業員の雇用を維持する、現経営者に廃業の場合よりも多い利益を与える、などのメリットがあります。

親族や従業員の中に後継者が見つからない場合にはM&Aも検討してみましょう。

廃業は簡単ではない！

親族や従業員などの中で後継者となるのにふさわしい人物を見つけることができない場合もあるでしょうが、だからといって**廃業（清算）**するとなれば、雇用されている従業員には大きな不利益を与えることにもなりますし、取引先にも多大な影響を与えることが考えられます。

また、**廃業といっても、実は簡単にできるものではありません。**

大まかにいえば、債権の取り立てを行ったり、金銭以外の財産を金銭に換えたりしたうえで、会社の債務を支払います。まだ支払い日が来ていない債務なども支払わなくてはなりません。この支払いに先立って、会社は、官報で、一定の期間内に会社の債権者は申し出るように、との公告をすることが必要です。

このような手続きを経て、ようやく残った金銭を株主が受け取ることができるのです。

廃業のために会社資産を換価すると目減りする場合が多く、現経営者が株式の多数を所有していたとしても、リタイア後ゆとりある生活を送れるほどの金銭が残るかも不安なところです。

税金面についても、廃業（清算）の場合は、M&Aを行うことと比較すると、負担が大きくなります。

従業員の雇用も確保。経営者は安心してリタイア

この点、M&Aを実現できれば、**従業員の雇用を確保できる**ことから、従業員のモチベーションの低下を防ぐこともでき、取引先も**取引の継続**が見込まれること

で安心できるでしょう。

よりよいM&Aを実現させるために、現経営者が会社を見直すのに伴い、**会社の実力自体が強化される**といった効果も期待できます。

M&A後、それぞれの会社が持つスキルや経営資源のシナジー効果によって、さらに業績が伸びることも考えられます。

また、現経営者は、株式の売却代金を得ることができますので、**清算の場合よりも多い金銭が手元に残る可能性が大きくなります。**

一方、買収する側の会社にとっても、自社にとっては新しい分野の事業にスムーズに参入できる、というメリットがあります。

自社で新しい分野について人を育て、ノウハウを築き、ブランド力をつけていくのは時間もコストもかかりますが、M&Aにより、このような時間やコストを大幅に削減することが期待できるからです。

廃業する上で問題になりそうなこと（小規模法人・個人事業者）

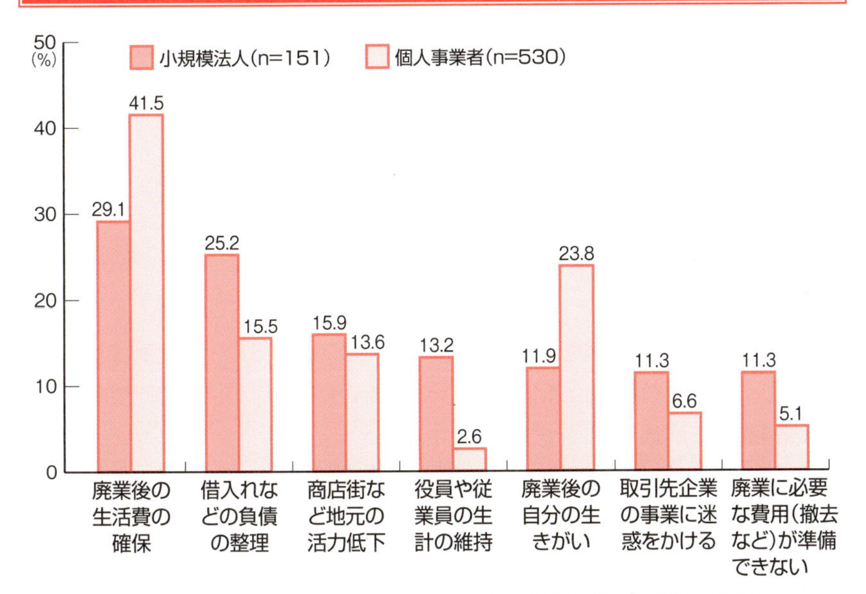

出典:中小企業庁『2017年版中小企業白書』より　中小企業庁委託「企業経営の継続に関するアンケート調査」(2016年11月、(株)東京商工リサーチ)
注1.複数回答のため、合計は必ずしも100%にはならない。
注2.「誰かに引き継ぐことは考えていない(自分の代で廃業するつもりだ)」と回答した者を集計している。
注3.「その他」、「特に問題はない」の項目は表示していない。

2-3 M&Aのデメリットは？
会社に魅力がないと条件が不利に

中小企業におけるM&Aの数は着実に増加しています。

しかしながら、デメリットに配慮せずにM&Aの実行を焦ることは危険ともいえます。

ここではM&Aのデメリットについて説明します。M&Aが事業承継の選択肢として有用なものであることは前項で説明しましたが、一方デメリットやリスクが存在するのも確かです。

魅力のない会社に振り向いてくれる人は少ない

まず、第一に、現在会社の体力が落ちている場合には、「御社とM&Aをしたい！」と手を挙げてくれる相手（会社）がなかなか見つからないということです。

したがって、まずは、会社をなるべく魅力的にしていかなくてはなりません。

得意分野を伸ばし、業績を改善するとともに、**無駄な経費の見直し、無用な資産の処分**も行う必要があるでしょう。

中小企業の場合には、会社の資産と経営者個人の資産が混然としている場合も多く見受けられますので、このような場合には資産の線引きを明確にすべきです。

さらに、**会社内部の業務の整理も必要**です。

規程・規則などは整備されているか、業務手順の中でマニュアル化することにより合理化されるものはないか、など第三者の目で厳しくチェックしましょう。

これらの準備を考えると、M&Aを検討する場合には、十分に時間的余裕を見て計画を練る必要があるといえます。

会社を魅力的に育てることは、なかなか簡単なことでないのはご承知のとおりですから、その準備と努力を怠ってはいけないのです。

秘密が守れなくて成功はないと思え！

また、M&Aを検討するときには、**情報の扱いに注意**してください。

「経営者が会社の売却を検討している」という噂が不正確なままに伝わることで、

従業員や、取引先から不信感を買うことがあります。

そのことで取引先に逃げられたりしてしまえば、「魅力的な会社作り」どころではありません。

情報の漏えいは、M&Aの失敗にもつながりかねない重大な問題ですので、「この役員なら安心だ…」などと安易に判断して、計画を話したりするのは絶対にやめましょう。

待ち時間に焦らない、あきらめない

M&Aをしたいと思って現実に取り組み始めても、すぐに相手が見つかるとは限りません。見つかるまでの期間はあきらめることなく、会社の魅力作りに全力を尽くしていきましょう。

M&Aのメリット・デメリット

メリット

・身近に適当な後継者がいない場合にも事業の継続が可能
・従業員の雇用が確保できる
・現経営者は廃業の場合よりも多い現金を取得できる見込みがある
・買収する側にとっても合理的

デメリット

・会社に魅力がなければ、相手が見つからない
・情報が漏れると、M&Aが成功しないばかりか、それまでの取引関係などにも影がさすことが‥

2-4 自分の会社の価値を知ろう！ M&Aの具体的方法①

ここまでは、M&Aが決して遠い世界の話ではなく、中小企業も利用し得る事業承継の方法であることを説明しました。

さて、そのようなM&Aですが、具体的にはどのように行っていくのでしょう。

M&Aの手順を見ていきましょう。

現経営者が持っている会社の株の価値を計算する

M&Aで行われる事業承継の中で最も多い方法は、現経営者あるいはその親族らが持っている会社の株式を、他の会社、または個人に買い取ってもらう**株式譲渡**の方法です。

買い取ってもらうとしても、いくらの値段がつくのか、というのが経営者として最も気になる点であるのは当然です。

一般の中小企業は、株式が市場に流通していないので、市場価格というものはありません。交渉によって売り手と買い手が合意すれば、それが値段になるというのが原則です。

しかしながら、何のたたき台もないところで、いきなり株の価格を決めるのが難しいのは想像に難くありません。

そこで、目安となる金額を算出する方法があります。

①現在会社が持っている「財産」の価値から株価を算出しようとする「純資産法」

②将来にわたって当該会社がどの程度収益を上げることが見込まれるのか、という点に着目して株価を算出しようとする「収益還元法」

以上の2つの方法です。

①の**純資産法**は、貸借対照表を基礎として企業の価値を算出し、②の**収益還元法**は、損益計算書を基礎として会社の価値を算出していきます。

ただ、先に述べたように、これらの方法で株価を算出したとしても、あくまでも目安となるにすぎないことに注意してください。

売却を焦れば足元を見られることも

焦ってM&Aを行おうとすれば、相手方から足元を見られて低額な譲渡価額で折り合わざるを得なくなることがあるのは通常の取引と同様です。

前項でも説明したとおり、まずは十分な準備期間を設けて、上記2つの方法を参考にし、自分の今の会社を売却するとしたらいくらくらいになりそうかを考えつつ、

①なるべく会社の価値が上がるように会社の実力をつける努力をする

②買い取りを検討している会社とも、余裕を持って交渉に臨む

ということが大切なポイントとなりそうです。

M&Aでは、検討し始めてから半年くらいで実現する例もあれば、検討から5年以上たってようやく実現の運びとなるケースもあります。

現経営者が、健康で体力があり、精力的に会社でリーダーシップを発揮できる間にこそ、M&Aの方法による事業譲渡を1つの選択肢として検討するのがよいでしょう。

会社の株価の計算方法

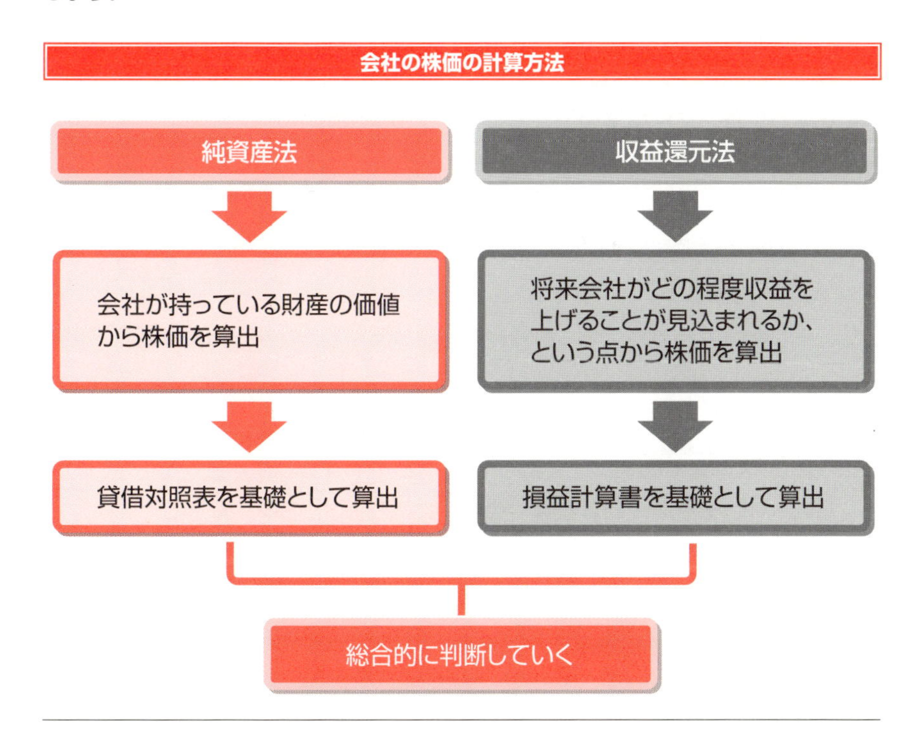

2-5
M&Aを相談できる機関は？
M&Aの具体的方法②

現在、M&Aに関しては、さまざまな機関が経営者からの相談に乗っています。

問題がどこにあるかによって、相談機関は異なってくるでしょうし、また複数の相談機関を選んでおかなくてはいけないかもしれません。

どのような相談を誰（どこ）にするのかを決める必要があります。

事業引継ぎ支援センター・仲介業者など

M&Aという事業承継の方法を検討し始めたとしても、譲渡先探しを独自で行うのは大変なことです。したがって、M&Aでは、第三者である仲介機関やアドバイザーに相談し、協力を仰ぎながら準備を進めていくのが通常です。

さらに仲介業者といっても多く存在するため、どの業者に頼むのがよいのかわからないといった場合もあるでしょう。

そのような場合には**事業引継ぎ支援センター**を利用してみましょう。事業引継ぎ支援センターは中小企業のM&Aなどを支援する国事業を実施する機関であり、事業承継やM&Aに関する種々の相談に応じています（2-12参照）。

また、**銀行**が事業承継やM&Aに関して相談に応じる場合もありますので、情報収集は欠かせません。

第三者に相談する場合には、秘密が厳守されるかどうかを十分に確認してください。

税理士・弁護士など

さらに、M&Aにおいては、税務や会計・財務の面からの助言も必要です。

これらの問題についてはプロフェッショナルである**税理士**や**会計士**に相談することとなります。

また、M&Aにおいて、売却の条件などをあいまいにしたり、不正確な契約書を用いたりすることは、後々大きなトラブルにつながります。

会社の売買という大きな取引ですから、トラブルが生じれば深刻なものになると覚悟しなければなりません。

したがって、契約の前には、将来のさまざまなシチュエーションを念頭においた条項の内容の検討をする必要があります。

さらに、M&Aの準備のために定款や各種規定の整備、定型の契約書の見直しなどを行った方がよい場合もあります。

このような場合には弁護士に相談することをお勧めします。弁護士を探すのが難しいようであれば、中小企業のための**「ひまわりホットダイヤル」（0570-001-240）**があります。「ひまわりほっとダイヤル」は日本弁護士連合会及び全国52の弁護士会が提供している、電話で弁護士との面談予約ができるサービスです。

オンラインでの予約もできますので活用されるとよいでしょう。（http://www.nichibenren.or.jp/ja/sme/index.html）

相談機関と主な相談内容

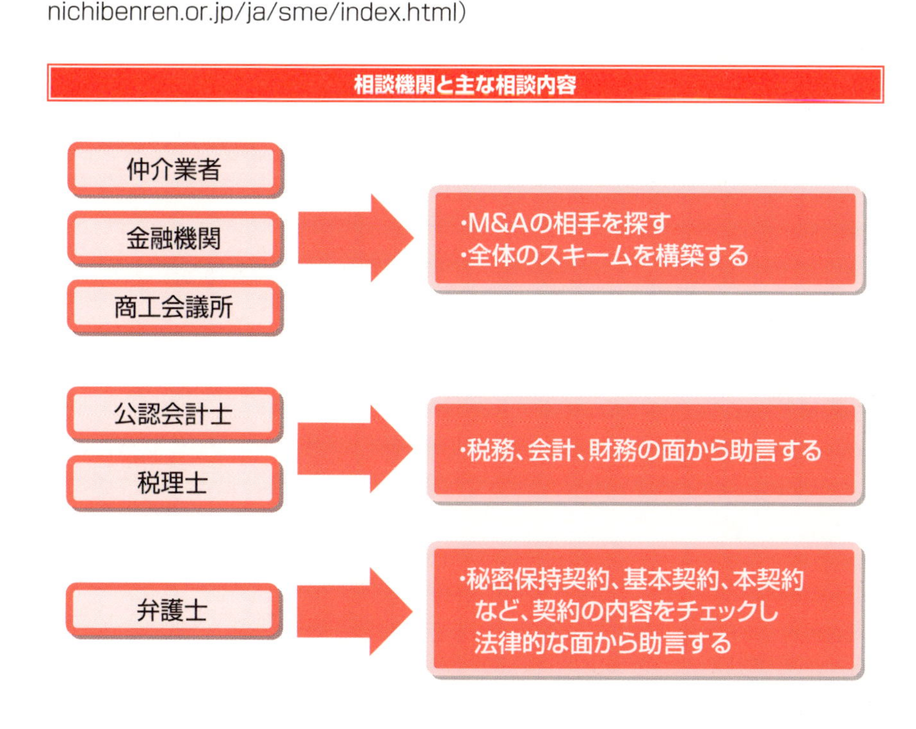

2-6
マッチング～候補先探しから交渉まで
M&Aの具体的方法③

M&Aの手続きの特徴は、なんといっても相手方を探し、選んでいくところにあります。候補先を絞るためにはどのような点に注意すべきでしょうか。

候補企業を選び、代表者と会う

マッチング候補企業を選別する際には、相手の業種、規模、所在地などを見て、「これは」と思う企業が現れた場合には、次に相手方企業の代表者と直接会う機会を設けることになります。

まずは、相手企業を知るとともに、代表者の経営理念や人となりが自分の会社と合っているか、話をしながら検討しましょう。

自分の企業の今後のことを考えながら話を聞くようにし、事業が引き継がれるにあたってどのようなことを望むのか（従業員の雇用の継続、お得意様との関係の継続など）を相手方に対して伝えるようにしましょう。「どうしても買ってほしい」と焦るあまりに希望を伝えなかったり、相手方の意思・希望の確認を怠ることのないよう注意してください。

基本合意

相手方の代表者などと会い、互いにM&Aをいよいよ本格的に進めていきたいと希望する場合には、**基本合意書**を作成のうえ具体的な条件について交渉を始めることになります。

基本合意書とは、M&Aの交渉の初期に交わされる書面です。これによりM&Aの契約が成立するものではありませんが、互いに契約成立に向けて誠実に努力することが確認されたり、契約成立時期や2-7で述べる**デューデリジェンス**のスケジュールのめどを記載したり、一定期間は他の企業などと交渉を行わないことなどが約束されるのが通常です。

この時点では譲渡価額を確定することはできませんが、1株当たりの大体の金額のめどを記載したりすることもあります。基本合意書の内容は案件ごとにばらつきがあるうえ、法的拘束力についても記載内容により違いが出る可能性もあるため、専門家に見てもらうようにすることをお勧めします。

秘密保持契約の締結

M&Aにおいては情報が外に漏れないように、情報を管理すること、当事者が双方秘密を保持することが非常に大切になります。

ですから、交渉を始めるにあたっては相手方となる会社との間に必ず**秘密保持契約**を締結しなくてはなりません。

この契約の内容は基本合意書の中に盛り込む場合もありますし、その重要性に配慮して別に書面を作成することもあります。

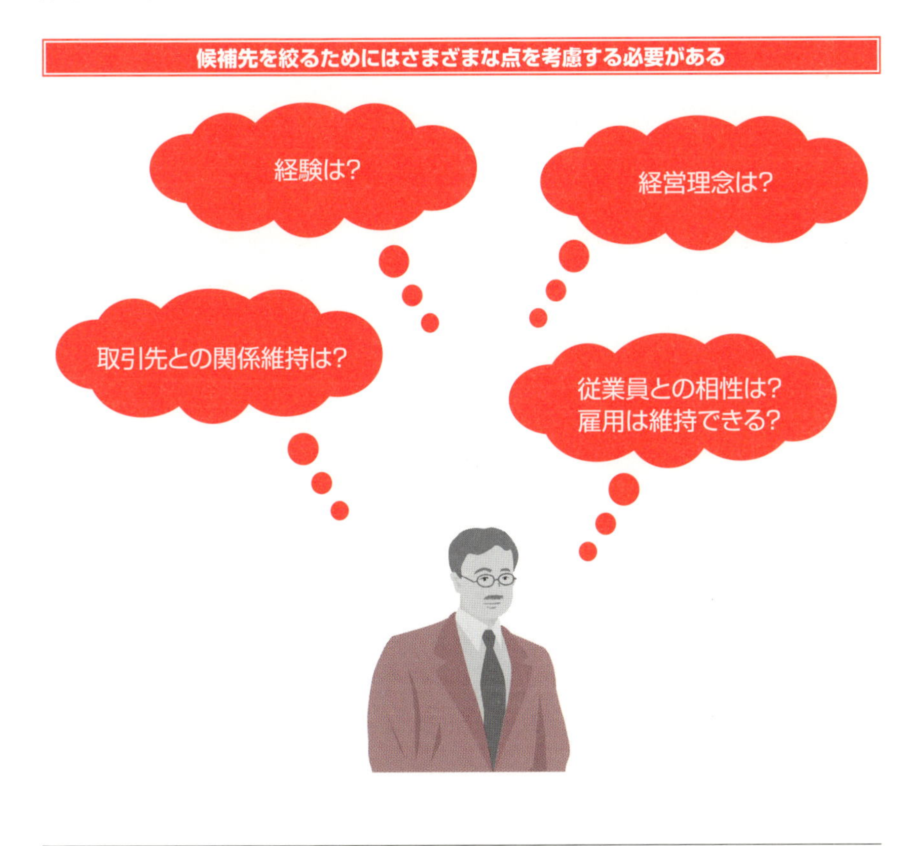

2-7
基本合意・デューデリジェンス
M&Aの具体的方法④

仲介業者などを通してM&Aの相手方候補者が現れ、基本合意や秘密保持契約が結ばれた後、相手方が買い取るか否かの最終的な判断をするために、「デューデリジェンス」という調査が行われます。

専門家による会社の調査—デューデリジェンス

買収する側の会社が、買収される側の会社の**調査・評価**をする手続きがあります。

これが、**デューデリジェンス**というもので、多くの場合は専門の業者に依頼をして行われます。

調査を行う内容は、大きく分けると財務と法務及び事業内容になります。

たとえば、焦げ付いている債権はないか、あるいは、帳簿に載っていないような債務がないか、業務の中で法令違反を犯したりしていないか、労働者に給料や残業代などは問題なく支払われているか、会社にとって必要な書類はきちんとそろっているかなども調べられます。

M&A以前には知らなかった事情で、購入の後に大きな問題が判明すると、買主としては予想もしていなかった大きな損害を被ることがあるため、プロによる厳密な調査が行われるのが通常です。

いたずらに拒絶の姿勢を示すべきではない

デューデリジェンスは、売り手の企業の経営者としては必ずしも気持ちのよいものではなく、積極的に行いたいものではないかもしれません。

しかしながら、M&Aは、買収する側の会社にとっては大きな買い物ですので、その「商品」である会社が本当はどれくらいの価値があるのか、自分の会社にとって間違いのない買い物といえるのか、表面からは見えづらい問題を抱えていないか、を専門家の目を通して調査・評価するのはある意味当然といえるでしょう。

したがって、あまりデューデリジェンスに対して消極的な態度をとると、何か隠しておきたいことがあるのでは、などと疑念を持たれることにもなりかねません。

会社が健康的に、魅力的に育ったかは、このデューデリジェンスにおいて、最終的に専門家によって判断されるのです。

M&Aの方法を検討する場合には、当初からデューデリジェンスを念頭において、会社の見直し作業を進めるとよいでしょう。

企業ごとに異なるデューデリジェンス

会社の業務内容や形態によって、デューデリジェンスの内容も当然異なってきます。

食品を扱うような企業であれば衛生管理が適切になされているかは非常に重要ですし、薬品などを取り扱っている企業であれば、土壌や環境などの汚染の問題の有無、といった点にも重点が置かれるでしょう。

判明した事実の中で、重要なものはM&Aの際の交渉の調整材料となったり、契約書の中に盛り込まれる可能性があることを忘れないでください。

デューデリジェンスの内容は多岐にわたる

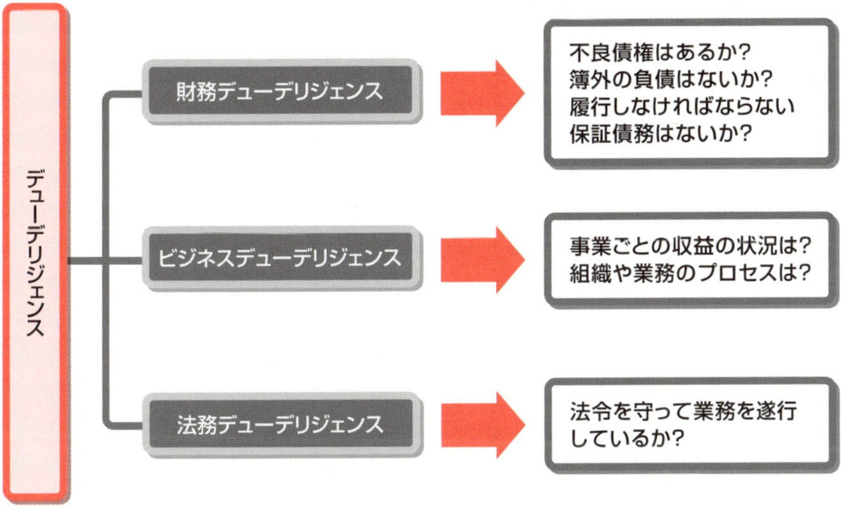

デューデリジェンス

- 財務デューデリジェンス → 不良債権はあるか？ 簿外の負債はないか？ 履行しなければならない保証債務はないか？
- ビジネスデューデリジェンス → 事業ごとの収益の状況は？ 組織や業務のプロセスは？
- 法務デューデリジェンス → 法令を守って業務を遂行しているか？

2-8 最終的な契約締結
M&Aの具体的方法⑤

相手方との交渉が順調に進めば、最終的な合意をしてM&Aは成立します。M&A成立後にトラブルを生じないようにするためには、契約書の内容を十分に理解し、それまでの交渉内容と異なるところがないかチェックする必要があります。

契約書にはどのようなことを書くのか

M&Aの手続きを進め、交渉も円滑に進み、詳細な条件についても折り合いがつけば、いよいよ契約書を取り交わし契約締結となります。

M&Aというと、非常に特殊な契約に感じてしまいますが、通常は株式の譲渡ですので、まずは一般の**譲渡契約**と基本的な部分は同じです。対象となる株式の数、金額、支払い方法、支払い時期などを明確にしなければなりません。

また、法律では、取締役会がある会社は、重要な資産を譲り受ける際には取締役会の承認を得なければならないこととされていますので、買い手の会社は、株式を買うことについて**取締役会の承認**を得ていなくてはなりません。

契約書上に、相手の会社が取締役会で株式を買うことを承認する手続きを経ていることを明らかにする一文を入れておきましょう。

さらに、買い手の会社としては、購入した会社の財務内容が、事前に調査したものと異なっていたのでは思わぬ損害をこうむるわけですから、財務内容が帳簿あるいはデューデリジェンスの結果と同じであることを契約書で保証させようとするのが一般です。

契約書の細かい内容は、それぞれの条件などによって異なってきます。

契約書の文章はプロフェッショナルが作る場合がほとんどでしょうが、契約書に基づく責任を負うのは、実際のM&Aの当事者であり、契約書の文章を作った人ではありません。

したがって、必ず自分で内容に目を通し、少しでもわからなかったり、あいまいなところがあれば、弁護士などの専門家に確認してください。

「なんだかわからないけれど、これまでの経緯からいけば間違いないだろう」などという気持ちは、後のトラブルのもとです。

仲介業者などへの報酬の支払い

無事に契約が成立したのちには、仲介業者などへの**報酬の支払い**を行うことになります。

業者の料金体系はさまざまで、着手金や基本料といった料金を設定しているところもあれば、成功報酬だけを支払うシステムになっているところもあります。

成功報酬は株式の売買代金によって変わるほか、計算方法は業者で異なりますので、当初の相談時に料金体系についてはきちんと確認してください。

売買代金が大きければ大きいほど、報酬の計算方法によって、業者に支払う金額が大きく変わるからです。

仲介業者を選ぶ基準は報酬だけでないことはもちろんですが、インターネットなどであらかじめ見比べて試算しておいてみるのもよいかもしれません。

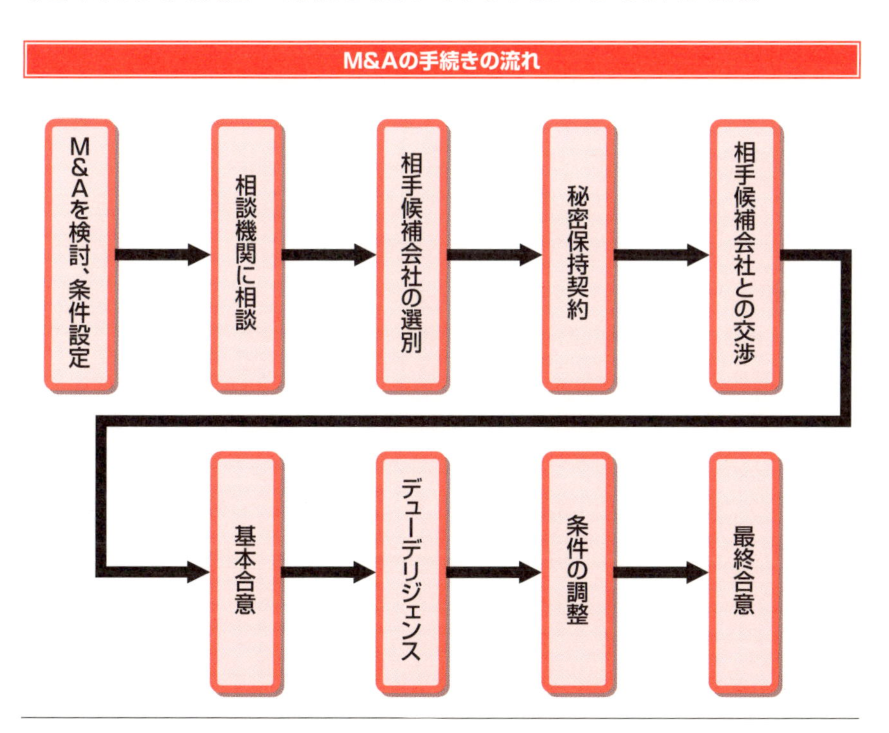

2-9 株式譲渡・合併・株式交換とは？
M&Aによる事業承継の形態①

M&Aと一口にいっても、いくつか方法が考えられます。しかし、中小企業の事業承継としてM&Aを行う場合には、実際にはほとんどが現経営者が持っている自社の株式を他の会社にそっくり譲渡するというシンプルな方法で行われています。

現経営者が持っている株式をそのまま買い取ってもらう—株式譲渡

事業承継で使うことのできるM&Aにはいくつかの方法があります。

大きく分けるならば、会社全部を他の会社に譲渡してしまう方法と、会社の一部を他の会社に譲渡する方法です。

この項では、**会社全部を他の会社に譲渡する方法**を説明します。

中小企業では、当該会社の株式は、現経営者がその多数または全部を持っていて、残りについても現経営者の妻など、その他親族が保有している場合が多数です。

現経営者などが持っている株式を、他の会社が買い取ることによって経営の主導権を移転させるというのが**株式譲渡によるM&A**です。

この方法によれば、会社の所有者が変わるだけで、会社が新たに別の会社になるわけではないので、承継された会社の契約関係（例として、事業所の賃貸借契約や継続的取引契約）には何も変更はありません。

また、承継された会社が持っている許認可などについてもそのまま引き継ぐことができます。

承継する会社の現経営者には、まとまった現金が入ってくるというメリットも期待できます。

したがって最もシンプルなM&Aの方法といえますので、一般には多くこの方法でM&Aが行われており、本章でも基本的には株式譲渡によるM&Aを前提としています。

合併・株式交換

合併は2つ以上の会社を併せて1つの会社とする方法です。

中小企業のM&Aとしては、承継される会社（消滅会社）は承継する会社（存続会社）に吸収されたうえで、消滅する吸収合併の方法が考えられます。

合併では、消滅会社の株主に対して支払う対価は、**金銭のみならず存続会社の株式や不動産などの財産であればよい**とされているので、存続会社にとっては現金で費用を用意するという負担が軽くなるというメリットがあるといわれていますが、株式を譲渡する方法に比べて手続きは面倒です。

また**株式交換**という方法もあります。

株式を譲渡する方法の場合には、たとえば、会社の株式の一部を有する現経営者の親族がM&Aに反対しているなどの場合には、買収する会社は全部の株式を取得できない可能性がありますが、株式交換の方法であれば、すべての株式を取得することができるように法が整備されていますので、この点がメリットといえるでしょう。

M&Aの方法

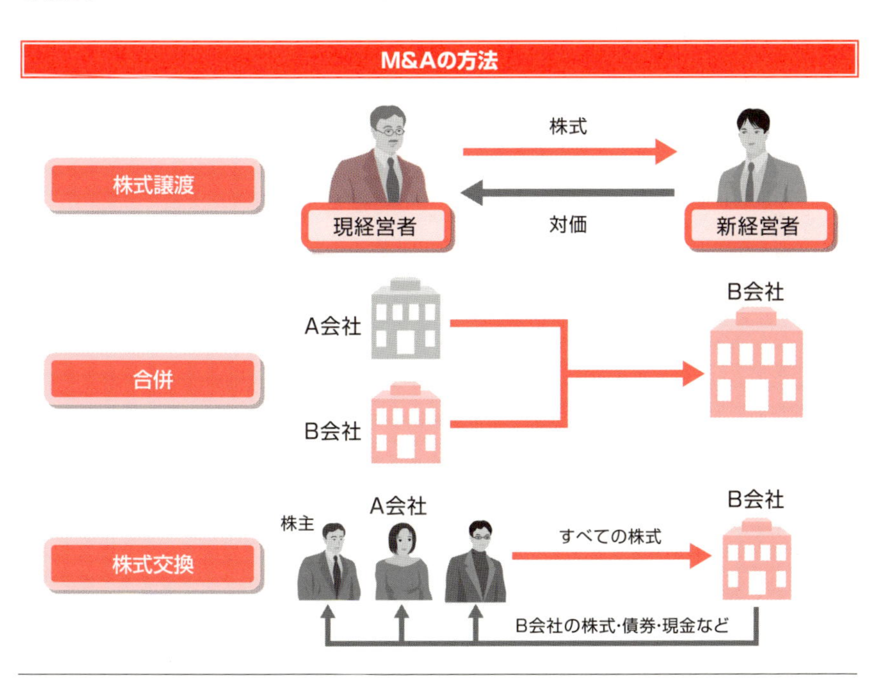

2-10
事業譲渡・会社分割とは？
M&Aによる事業承継の形態②

M&Aの主流は株式譲渡の方法によるものですが、ここでは、株式譲渡の方法が困難な場合にも、さらに検討し得るものとして、事業譲渡と会社分割という2つの方法について紹介します。

業績のいい事業だけを買ってもらう―事業譲渡

前の項目では、会社全部を他の会社に譲渡してしまう方法を説明しました。M&Aの中には、会社の一部についてのみ他社に渡すという方法もあります。

まず、**ある特定の事業部門だけを他の会社に売り渡すことのできる事業譲渡**という方法があります。

事業部門を売るといってもあまりピンとこないかもしれませんが、要はその事業部門で営業に使っていた財産（車や不動産、機械など）のみならず、お得意さまである取引先（いわゆる「のれん」）なども一緒に譲渡することです。

その事業部門の従業員も買い取り先の会社に引き続き雇用されるのが原則です。

たとえば、会社全体で見れば、不採算部門があって魅力ある会社とはいえないけれども、部分的に見ればすぐれた事業部門があるという場合には、相手方の会社からすれば、うまみを持っている、その事業部分だけを受け継ぐ事業譲渡を選びたいと思うでしょう。

したがって、会社全体のM&Aがなかなかうまくいかない場合であっても、事業譲渡であれば相手が見つかる可能性が出る場合もあるわけです。

親族にも従業員などにも承継できず、M&Aもうまくいかないからといって、すぐに清算を検討するのではなく、業績のいい事業部門がある場合には、できるだけ従業員の雇用を確保し、清算の前に会社を身軽にするために、事業譲渡を検討するのは有用です。

ただし、事業譲渡の手続き自体は煩雑なものですので、その点は注意する必要があります。

　また、事業譲渡をした場合の売却代金は、株主である現経営者ではなく、会社に支払われますので、現経営者が利益を手にするには**配当**という方法をとることになります。

　その場合、単に株式を譲渡する方法で事業承継し金銭を得た場合と税金の計算方法が異なるため、税金の負担が重くなる場合が考えられます。

会社分割とは

　もう1つ、**会社分割**という方法もあります。

　会社分割とは、その名前のとおり、**1つの会社を2つ以上の会社に分ける**方法です。

　したがって、業績のよい部門だけを分割して別の会社としたうえで、分割した会社の株式だけを他の会社に買い取ってもらうという方法が考えられます。

　この方法であれば、事業譲渡の場合よりも**税金の面では負担を軽くできる**可能性があります。

　ただし、手続きとしては非常に煩雑になりますので、その費用や時間についても事前に十分検討する必要があるといえるでしょう。

事業譲渡と会社分割

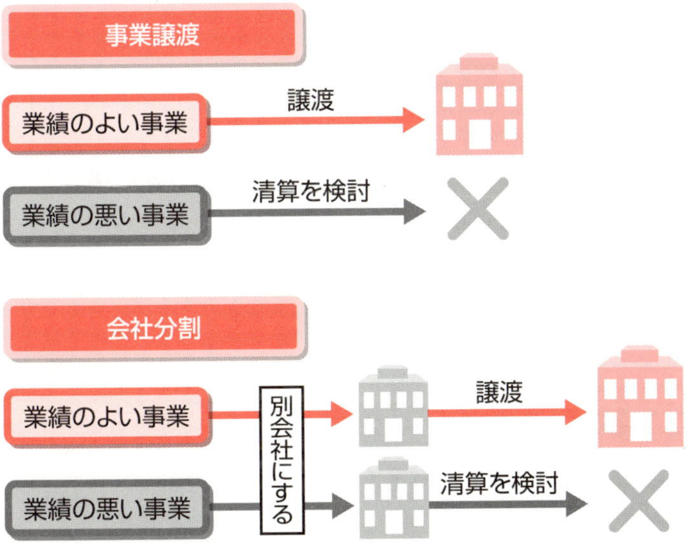

2-11 MBO、EBO、LBOとは？
M&Aによる事業承継の形態③

経済新聞などでは、MBO、EBO、LBOなどの文字をよく見かけると思います。
これらはいずれもM&Aの方法を表しているものです。中小企業の事業承継について、追い風になる手段かもしれません。

現在の取締役らが会社を買い取る―MBO

MBO（マネジメント・バイアウト）とは、取締役などの**経営陣が現経営者から株式を買い受けて事業を承継すること**で、「現代版のれん分け」などと呼ばれることもあります。従前の経営陣が、引き続き会社の経営を担うことになるので、経営方針や雇用方針の継続が期待できます。

しかし、後継者に十分な資力がないと、後継者の自己資金だけでは現経営者から株式を買い取ることができません。

そのような場合に有用なのが、株式買取資金を、複数の投資家が資金を出して作るMBOファンドからの出資や融資により賄う方法です。

従業員が会社を買い取る―EBO

さらには、**EBO（エンプロイー・バイアウト）**と呼ばれる方法もあります。

エンプロイーとは、従業員のことですから、**従業員が現経営者から株式を取得して経営権を得ること**をいいます。

中小企業においては、役員としての立場と従業員としての立場が併存している場合も多いですから、EBOとMBOの線引きが明確ではない場合もあるかもしれません。

会社の未来を担保にする―LBO

一方、**LBO（レバレッジド・バイアウト）**というのは買収する会社の財産や収益の見込みをいわば担保として、**借入によって買収資金を調達する**ものです。

買収後には、買収した会社の財産や収益の中から返済をしていくこととなります。

このような資金調達方法を用いて、MBOあるいはEBOの実行を検討することも考えられます。

MBOやEBOでは、現経営者と身近であることが多い経営陣や、長年会社に貢献した人物が後継者となるので、社内での抵抗感も弱く、友好的に進めることが可能なM&Aということができるでしょう。

従業員の雇用の継続的な確保も期待できます。

また現経営者としても、株式の譲渡による現金の取得ができますので、**ハッピーリタイアメント**に資するといえるでしょう。

ただし、友好的に進めることが可能なM&Aといっても、経営陣とMBOファンドがともに株式を購入するMBOでは、実行後には、**MBOファンドが株主として経営について監視・監督をする**状況が生じることがあることはあらかじめ知っておく必要があります。

MBO、EBOの仕組み

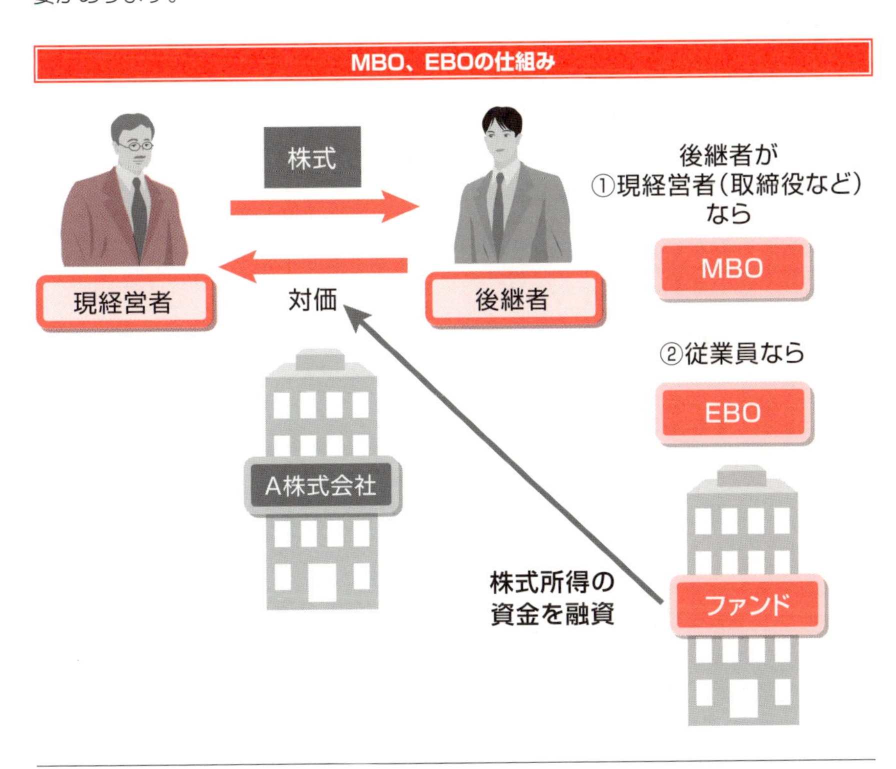

2-12 事業引継ぎ支援センターを利用する
窓口は全国の都道府県に

事業承継、M&Aの検討を始めても、経営者にとっては不慣れなことも多く、誰かに相談したくなることもあるかもしれません。この節では、事業引継ぎ支援センターとその活用方法についてご紹介します。

事業引継ぎ支援センターとは？

事業引継ぎ支援センターは、後継者のいない中小企業や個人事業主などのM&A、事業引継ぎを支援する国の事業を実施する機関です。

センターには、民間の仲介者や専門家が登録しており（登録民間支援機関）、センターはこれらの支援機関と連携して**M&Aの支援**をしたり、後継者のいない小規模な事業主（個人事業主も含む）と起業を志す方を**マッチング**する活動も行っています。

事業引継ぎ支援センターのM&A支援

事業引継ぎ支援センターではM&Aを検討している企業の相談を受け付けています。相談の結果、M&Aに適していると判断されれば、各センターに登録された仲介者などの専門家にセンターが橋渡しを行い、譲受先を探すなどの具体的なM&Aの検討を行っていくことになります。

なお、センターには、事業を譲ろうとしている企業だけではなく、事業を譲り受けようとしている企業の情報も多く登録されておりデータベース化されています。

「M&Aといってもどのように相手を探していいかわからない」「買い取りたいといってきている企業があるが、具体的にどのような手続きを踏めばよいかわからない」といった際には、一度相談してみることをお勧めします。

「後継者人材バンク」を利用した事業の引継ぎ

後継者人材バンクは、事業引継ぎ支援センターで行われている、**後継者を探している小規模事業者と起業を志す個人起業家をマッチングする**事業です。

後継者人材バンクには、各地商工会議所で行われる創業支援セミナー参加者などの中から、起業の意欲のある方たちが登録されています。

後継者人材バンクを利用することは、現在事業を行っている方にとっては、自分1人では見つけることができなかった後継者を広い範囲で探すことができるというメリットがあるとともに、起業を目指す方にとっても初期費用が抑えられる点や、既存の取引先や顧客とのつながりを受け継ぐことができるなどのメリットがあるのです。

「自分のお店は小さいからとても後継者なんて見つからない」「もうけも少ない商売だから誰もやりたがらない」とあきらめる前に、一度相談してみてはいかがでしょうか。

事業引継ぎ支援センターへのアクセス

現在、全国の各都道府県に事業引継ぎ支援センターが設置されています。

巻末に連絡先の一覧を掲載していますので、お近くのセンターをご確認のうえ、ご相談することをお勧めします。

事業引継ぎ支援センターの業務内容

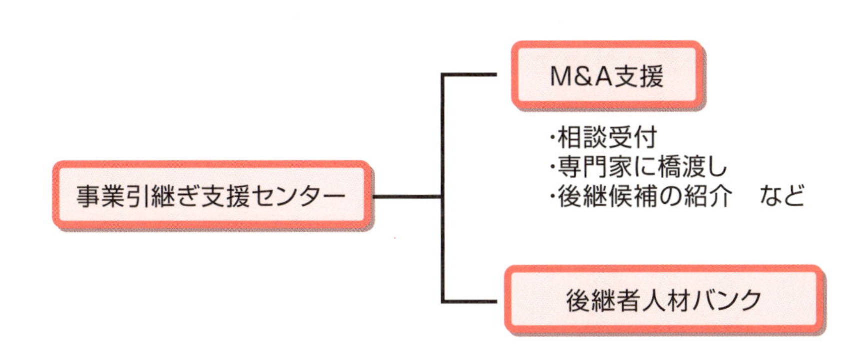

2-13 M&Aを成功させる秘訣は？
十分な準備期間と秘密厳守

M&Aは有効な事業承継の方法ではありますが、簡単に実現できる手段でもありません。

経営者1人の判断で進めていくことは難しいうえ、見知らぬ相手会社との社運をかけた交渉だけに押さえておくべきポイントがあります。

とにかく十分な準備期間を持つ！

M&Aは、譲るべき後継者がいない会社にとってはとても有用な手段です。

しかしながら、多くはこれまで付き合いのなかった第三者や企業に対して会社を売るわけですから、特に**会社の魅力作り**に力を入れなければなりません。

債務を減らす、赤字を減らす、さらには自社の強みを分析して業績を上げる努力をする、経営者の資産と会社の資産を分ける、など、M&Aを成功させるために会社が取り組まなければならないことはたくさんあります。

いずれも一朝一夕にできるものではないので、余裕を持って取り組む必要があるといえるでしょう。

M&Aの成功には**タイミングも重要なポイント**となります。またM&Aを焦りすぎると交渉において不利になり、得られる経済的利益も少なくなるなどの影響が出かねません。

秘密を守ることが成功のカギ！

さらに、M&Aに関する情報の取り扱いは十分注意しましょう。
とくに、現経営者がうっかりM&Aを検討していることを第三者や従業員らに漏らしてしまうなどということはあってはいけません。

「会社を売却する」ということが伝われば、噂が先行して、あたかも会社が経営不振であるかのような情報に変化してしまうということさえあるのです。

真実と異なる噂が広まることで、それまでうまくいっていた取引相手との関係に変化が生まれたり、従業員の中にも強い不安感が広がったうえ生産性が落ちてしまうということも考えられます。

情報の管理ができないところで、M&Aの成功はないと考えても大げさではないでしょう。

M&A成立後には関係者への説明を

交渉中は厳格に秘密を守らなくてはならないM&Aですが、無事成立したのちには、労働者や取引先に誠意をもって説明しましょう。

M&Aについて詳細な知識を持っている人は少なく、大きな不安を抱えるのが通常ですし、それまで説明されなかったことで「裏切られた」と感ずる人もいるようです。M&Aという手段を選んだ事情や、労働者や取引先への影響など、具体的に説明し、納得してもらうことで以降の業務もスムーズに行うことができます。

事業の譲渡・売却・統合（M&A）に関する課題と対策・準備状況

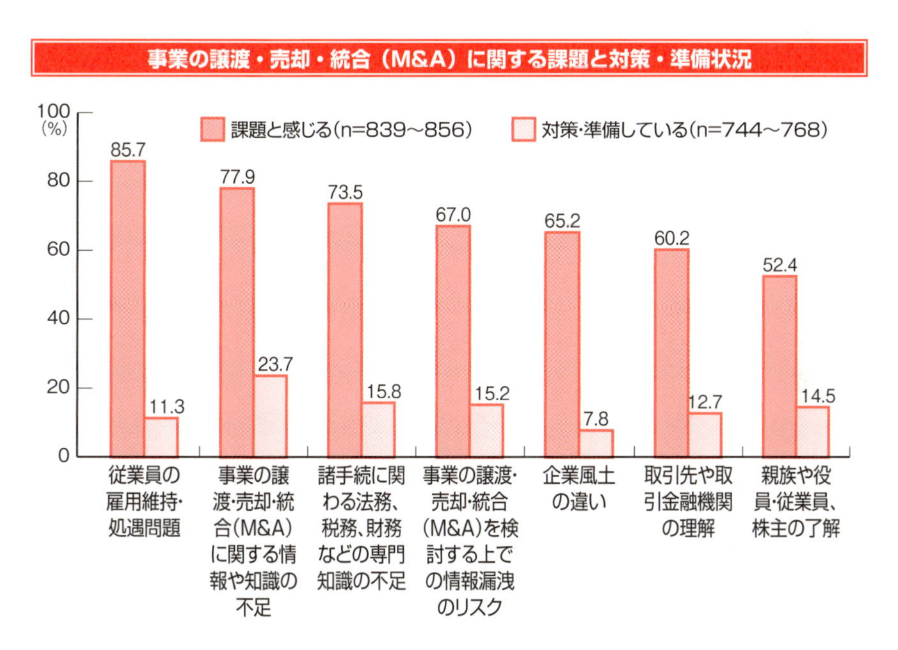

出典:中小企業庁『2017年版中小企業白書』より 中小企業庁委託「企業経営の継続に関するアンケート調査」(2016年11月、(株)東京商工リサーチ)
注1.複数回答のため、合計は必ずしも100%にはならない。
注2.「誰かに引き継ぐことは考えていない(自分の代で廃業するつもりだ)」と回答した者を集計している。
注3.「その他」、「特に問題はない」の項目は表示していない。

事業承継により会社の強化や若返りができる

事業承継を成功させるには、ある程度時間をかけて行う必要があります。具体的に行動するにあたっては、事業承継を行うための計画をあらかじめ立てることから始まりますが、合理的な計画を立てるためには、自分の会社の実情について正確に把握しなければなりません。

実情を把握すると、それぞれの**会社に問題点のあることが判明**します。それが、財務上の問題であることもあれば、従業員の問題であることもあるでしょう。問題点が発見されたら、当然、その改善に取り組む必要性が出てきます。

問題点の改善を行ってから事業承継に取り組むことができれば理想的ですが、そのように十分な時間をとって事業承継を行えるような会社はごく少数かもしれません。事業承継と並行して、会社の持っている問題点の改善を行っていけばよいでしょう。

問題点が見つかり、解決されれば、会社の体質が改善され、競争力も増加し会社としても強化されることになります。

また、事業承継により後継者に経営権が移ることで、通常、経営者の年齢は相当に若返ります。経営者が若返ることで、当然、在職中に病気になったり、亡くなってしまうなどの危険も減少するので、その点についても会社の信用力を増加させます。

経営者が交代することは、会社自体の若返りにも役立ちます。元の経営者とは違った視点から新しい経営者が会社を見直すことで、今まではタブーとされていたこともタブーでなくなり、会社自体に活気が生まれます。新分野へ進出する、新たな方法を取り入れる、などの改善を行うことで業績がよくなったり、従業員の中に新たなやる気が生まれる例なども見られます。

第3章

親族内事業承継

従来、わが国の中小企業は、家業として企業を経営するケースが多く、事業は親から子へ代々継がれていくのが通常でした。この親から子への承継に代表される親族内承継は、近年、減少傾向にあるとはいえ、関係者も心情的に受け入れやすい承継方法であり、現在でも最も中心的な事業承継方法の地位を占めています。この章では、親族内承継のメリット・デメリット、具体的な承継方法、注意点などを通じて親族内承継の概要を見ていきましょう。

3-1
親族内承継のメリットは？
家業が継続でき、関係者の理解を得やすい

近年減少傾向にあるとはいえ、現在最も多く選択されているのは親族内承継の方法です。親族内承継には、今後も中心的方法を占めることが予想されるだけのメリットがあります。

最も選択されている事業承継方法

息子や娘、あるいは娘婿など現経営者の親族に事業を承継させることを**親族内承継**といいます。親族内承継が事業承継全体に占める割合は、近年、減少しつつあるものの、まだ6割程度を維持しており、**最も選択されている事業承継の方法**といえます。

親族内承継のメリット

①融通が利きやすい

親族内承継は、他の承継方法に比べ、気心の知れた親族への承継ですので、さまざまな点で融通が利きやすいといえます。

②家業の継続

中小企業においては、その事業を代々家業として行っているという企業も珍しくありません。親族内承継の方法をとれば、**家業の継続が可能**となります。

③関係者の心情への配慮

企業を取り巻く内外の関係者にとって、誰が後継者となるかは重大な関心事であり、また後継者の選定を巡って利害が対立する場面でもあります。

この点、現経営者の親族が後継者となるのであれば、わが国の慣習上も順当な選定として受け止められやすく、**関係者の心情的な理解を得やすい**傾向があります。

④後継者選定時期の柔軟性

親族が後継者である場合は、従業員など親族以外の人を後継者とする場合に比べ、後継者の選定を早期に行いやすく、**後継者教育**などの事業承継の準備期間を

十分に確保することができます。

また、逆に親族が後継者であれば関係者の理解を得やすいことから、事業承継の準備期間を短期間しかとれない場合であっても、後継者の選定を巡る混乱が生じにくいといえるでしょう。

⑤承継方法の選択の幅が広い

親族内承継の場合は、承継方法として、売買や**贈与***に加え、相続制度の利用という方法も選択できます。税金についても相続税制度や**相続時精算課税制度***（7-5参照）などを選択できますので、承継方法の選択の幅は広いといえます。

⑥財産や株式の分散防止

親族内承継では、多くの場合、現経営者の相続人となる人が後継者となります。親族内承継には、最終的には相続によって財産や株式を後継者に移転できるため、**事業遂行のために必要な財産や株式の分散が生じにくい傾向**があります。

親族内承継は理解を得やすい

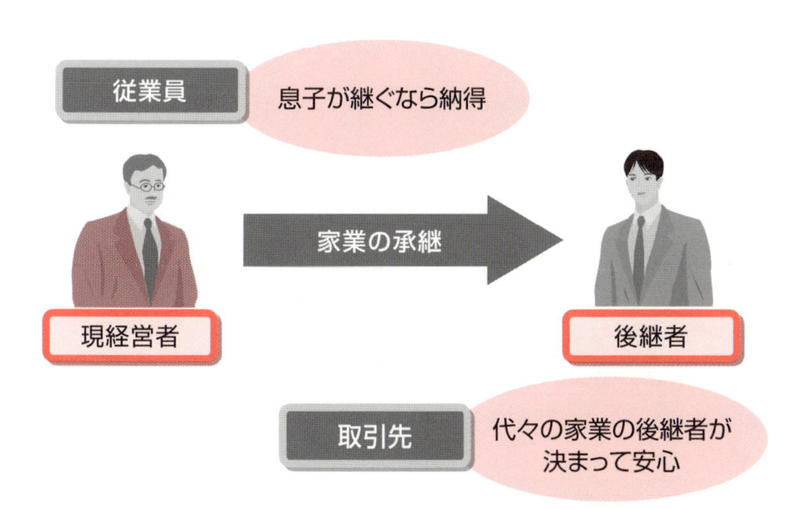

＊**贈与**　財産をただで譲ること。
＊**相続時精算課税制度**　生前の贈与について、相続時に相続税による計算方法を可能とする制度。

3-2
親族内承継のデメリットは？
家業が減り、後を継ぐ親族がいない

親族内承継は、最も多く選択される承継方法とはいえ、「家業」という言葉も聞くことが少なくなってきました。親族内承継ならではの問題点もあり、近年、親族内承継は減少傾向にあります。

親族内承継の減少

親族内承継の方法は、20年以上前は事業承継の9割以上を占めており、事業承継といえば後継者は親族というのが相場でした。

その時代に比べれば、現在は、親族内承継以外の承継方法（従業員などへの事業承継やM&Aによる事業承継）の増加は著しく、**親族内承継は減少傾向**にあります。

親族内承継のデメリット

①承継希望者がいない

職業も多様化している現代では、子供をはじめとする親族は各々が親の仕事にかかわらず自身の興味に合わせて職業を選択するようになっており、「家業」という言葉も用いられることが少なくなってきています。

これに伴い、現経営者が子供などの親族への事業承継を希望したとしても、事業を継いでもいいといってくれる親族が見つからないことが多くなっています。

②適格性判断が甘くなる

事業の継続には、従業員とその家族など、多くの人の生活がかかっているのですから、後継者となる人が経営者としての資質を備えているかどうかのチェックは、慎重に行う必要があります。

ところが、親族が後継者となる場合は、その親族に事業を継いで欲しいがあまり、適格性のチェックが甘くなってしまうケースが散見されます。

適格でない者が後継者となることは、その企業の関係者にとってもはもちろん、その後継者自身にとっても不幸なことですので、**適格性判断**は、親族内承継以外の場合と比べても意識して慎重に行うべきです。

③従業員への対応が困難

開業当初からの従業員など、現経営者と長年苦労を共にしてきた古参従業員は、親族後継者よりもその企業での勤続年数が長いのが通常です。

後継者の選定に関する企業内の意思統一が不十分な場合は、後継者が古参従業員から新参者扱いをされ、事業の継続に支障が生じる可能性があります。

④相続紛争による影響

相続人が複数いる場合、現経営者や後継者が他の相続人への配慮を怠ると、現経営者についての相続時に**相続紛争が生じるおそれ**があります。

いったん相続紛争が生じると、企業の資金繰りに不可欠な銀行預金さえ相続人全員の合意がないかぎり動かせなくなる可能性があり、相続紛争が直接事業の継続に重大な支障を及ぼしてしまいます。

「家業」の減少が親族内承継のデメリットにつながる

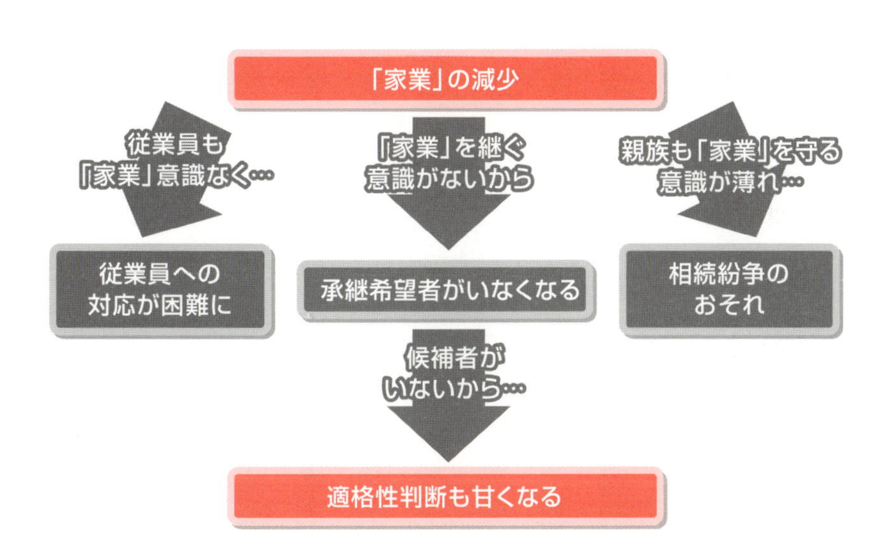

3-3 親族内承継の方法

売買、生前贈与、相続から選択する

親族内承継の具体的方法には、売買などによる事業承継、生前贈与による事業承継、相続による事業承継の3つの方法があります。後継者の地位の安定性や費用負担を考えて適切な方法を選択する必要があります。

事業承継の具体的方法

事業承継を行うためには、後継者へ自社株式や現経営者名義の事業用資産を譲渡する必要があります。この自社株式などの譲渡の方法には、以下の3つの方法があります。それぞれの方法の着目点は、**実施時期が現経営者の生前か否か、後継者の地位は安定するか、費用負担はどうなるか**という点です。

売買などによる事業承継

売買などによる事業承継は、自社株式や事業用資産について、現経営者の生前に、売買などの形式をとって後継者へ移転させる事業承継の方法です。

適正な対価を支払って財産などを移転させる方法ですので、現経営者の相続人からの**遺留分***の主張をされるおそれはなく、後継者の地位は安定しますが、後継者は財産などの買い取りに必要な対価として多額の資金を集めなければなりません。

生前贈与による事業承継

生前贈与による事業承継は、現経営者の名義となっている事業用の財産や株式について、現経営者の生前に、贈与という形式をとって後継者へ移転させる事業承継の方法です。

後継者は財産などの取得に必要な資金を準備する必要はありませんが、多額の贈与税を納付する必要が生じる可能性があります。

また、生前贈与の形式をとった場合は、相続時に現経営者の他の相続人から遺留分の主張をされるおそれがあり、後継者の地位はやや不安定となります。

***遺留分**　配偶者や子供などの法定相続人に保障される最低限度の遺産承継の権利を遺留分といいます。遺留分を主張するかどうかは相続人が自由に決められます。

相続による事業承継

相続による事業承継は、現経営者の名義となっている事業用の財産や株式について、現経営者の死亡時に、相続の形式をとって後継者へ移転させる事業承継の方法です。

後継者は財産などの取得に生じる資金を準備する必要はありませんし、贈与税に比べれば税負担の軽い相続税が適用されることになります。ただ、財産などの評価額が高額である場合は多額の相続税を納付する必要が生じる場合もあります。

また、相続人が複数いるにもかかわらず、現経営者が遺言を残さずに死亡した場合は、財産などの分配に関する相続人間の協議（**遺産分割協議**）を経なければならず、後継者の地位は不安定極まりません。

遺言を残していた場合でも、他の相続から遺留分の主張をされるおそれがあり、後継者の地位は不安定です。

親族内承継の3つの方法

	実施時期	後継者の地位の安定性	費用負担
売買などによる事業承継	現経営者の生前	◎	× 対価が必要
生前贈与による事業承継	現経営者の生前	○	○ 贈与税の発生
相続による事業承継	現経営者の死亡後	△ （遺言がなければ×）	○ 相続税

3-4 売買などによる事業承継
後継者の地位は安定するが費用がかかる

売買などによる事業承継の特徴は、現経営者の生前に行うという点と、後継者が適正な対価を支払うという点にあります。後継者の地位の安定性という点からはきわめて優れた方法ですが、費用負担の点に難点があります。

売買などによる事業承継のメリット

①円滑で迅速な承継方法

売買などによる事業承継は、売買契約などの当事者である現経営者と後継者の判断のみで財産などの移転ができます。この方法は、きわめて円滑性、迅速性に優れた事業承継の方法です。

②後継者の地位が安定する

後継者は、現経営者の生前に事業の承継に必要な財産などを取得することができるので、早くから承継する企業の経営に対して影響力を持つことができます。

また、財産の売買契約などが成立した後は、現経営者といえども一方的に契約を破棄することはできなくなりますから、後継者は安心して事業承継の準備を行えます。これは現経営者側にとっても、後継者確定の意思表明によって、事業の継続に対する内外の関係者の不安を払しょくできるという効果があります。

③遺留分の制約を受けない

売買などによる事業承継の場合、後継者は、事業用の財産などを取得する際に売買代金などの対価を支払うため、現経営者の相続人によって遺留分を主張されるリスクを回避できます（3-5参照）。

なお、後で紹介する**経営承継円滑化法の遺留分に関する特例**（3-6参照）は、推定相続人全員の合意が得られない場合には利用できません。こういった場合でも事業承継をスムーズに行うための手段として、売買などによる事業承継を利用することも有用でしょう。

売買などによる事業承継の注意点

①後継者は資金調達が必要

売買などによる事業承継を実施するには、**後継者が売買代金などの対価を支払うために必要な資金を準備しなければなりません**。もともと後継者に十分な資金があることは少ないと思われますので、この方法の最大の難点は後継者の資金調達でしょう。

資金調達の方法としては、会社から貸し付けを受ける、会社から後継者に相当な役員報酬を支払うといった方法も考えられます。

なお、売買などをする際、後継者の負担する対価が不相当な場合は、贈与とみなされて遺留分の制約を受けるおそれがありますので、注意が必要です。

②現経営者に譲渡所得税がかかる

現経営者から後継者への売買などによって、現経営者に財産の譲渡益が発生する場合があります。たとえば、現経営者が1000万円で取得した不動産を、後継者に3000万円で譲渡すれば、現経営者にはその不動産の譲渡によって利益が生じるわけです。簡単にいえばこの利益が譲渡益です。

この譲渡益に対しては、**現経営者に譲渡所得税***がかかります。とくに自社株式を譲渡する場合は、納税額が予想外に高額となることがあるため、事前に株価を把握し、納税額の目安をつけておくことが大切です。

売買などによる事業承継のメリット・デメリット

メリット	デメリット
円滑性・迅速性　◎	後継者:売買代金の調達が必要
後継者の地位の安定性　◎ なぜなら、生前承継 遺留分の制約なし	現経営者:譲渡所得課税がある

*譲渡所得税　資産を譲渡したことによって生じた利益に対して課せられる税金のこと。

3-5 生前贈与による事業承継
買い取り資金はいらないが贈与税がかかる

生前贈与による事業承継の特徴は、現経営者の生前に行うという点と後継者による対価の支払いが不要であるが贈与税の負担は生じるという点にあります。現経営者の生前に少ない費用負担で行える点で、現実性の高い承継方法です。

生前贈与による事業承継のメリット

①買い取り資金がいらない

生前贈与の形式をとれば、**後継者は対価の支払いが不要**ですので、事業用資産などの買い取り資金を準備する必要がありません。

②円滑で迅速な承継方法

生前贈与による事業承継も、贈与契約当事者である現経営者と後継者の判断のみで財産などの移転ができ、円滑性、迅速性に優れた承継方法であるといえます。

③後継者の地位が安定しやすい

生前贈与による事業承継は、売買などによる事業承継と同様、後継者は、現経営者の生前のうちに、早くから企業の経営に対して影響力を持つことができます。

また、早期に生前贈与による事業承継を行うことにより、事業用資産などの後継者保有を既成事実化し、現経営者の相続が発生した際に、他の相続人による遺留分の主張を事実上受けにくくするという効果も生じます。

生前贈与による事業承継の注意点

①遺留分の制約がある

2019年7月1日から施行される**改正民法**は、被相続人の配偶者や子供などの法定相続人に、遺産に対する最低限度（多くの場合は1/2）の権利として、**遺留分**を保障し、その侵害相当額の請求ができる権利を定めています。このように、事業承継のために生前贈与をしたとしても、それが遺留分を侵害している場合、生前贈与を受けた財産自体の取り戻しをされるリスクはなくなったものの、**相当額の**

金銭を支払うよう請求を受けてしまうリスクは残るのです。

この遺留分の主張を回避する方法としては、相続人に遺留分を事前に放棄する手続きを取ってもらったり、遺留分の制約の軽減を図ることを目的の1つとして2008年10月から施行された経営承継円滑化法を活用したりすることが考えられますので、必要に応じて検討が必要です。

②贈与税がかかる

生前贈与を受けた後継者には、年間110万円を超える価格について、最大55%の**贈与税**納付の必要が生じます。

贈与を受けた財産の価格が高い場合は、贈与税も高額なものとなるため、注意が必要です。

子供を後継者として、生前贈与による事業承継を実施する場合は、相続時精算課税制度（7-5参照）の利用が望ましい場合もあります。

また、自社株式の生前贈与については、贈与税の納税猶予制度（7-1参照）を利用することも考えられます。

生前贈与による事業承継のメリット・デメリット

メリット	デメリット
円滑性・迅速性 ◎	後継者:贈与税の負担
後継者の地位の安定性 ○ なぜなら、生前承継	←遺留分侵害額請求を されるおそれ
買い取り資金の準備不要	

3-6
遺留分の制約への対策
経営承継円滑化法の遺留分に関する特例とは

遺留分の制約は事業承継の大きな障害の1つでしたが、2008年10月から施行された経営承継円滑化法により遺留分の制約の負担軽減が図られました。これにより円滑な事業承継の実施に不可欠な後継者への自社株式集中を実現しやすくなります。

生前贈与された自社株式の評価は？

現経営者から相続人の1人である後継者へ事業用の財産などの**生前贈与**がなされた場合、その贈与された財産は現経営者の相続時に、**遺留分を計算する際のもとになる財産（遺留分算定の基礎財産）に加えられます。**

たとえば、子供2人のみが相続人であり、うち1人が後継者であるとします。現経営者が後継者に時価3000万円相当の自社株式を生前贈与したところ、これが後継者の経営参加の努力により現経営者の死亡時には時価7000万円に値上がりしたとします。現経営者名義の他の財産は1000万円でした。

この場合、遺留分算定の基礎財産は、1000万円＋7000万円＝8000万円となります。そして後継者でない子供の遺留分は、この場合1/4ですので、遺留分を主張できる金額は8000万円×1/4＝2000万円となります。そうすると後継者は、現経営者死亡時の財産1000万円では足りないので、1000万円相当の財産を後継者でない子供に渡さなければならなくなるのです。

上の例で、株式の時価が贈与時の3000万円のままであれば、遺留分算定の基礎財産は1000万円＋3000万円＝4000万円となり、遺留分を主張できる金額は4000万円×1/4＝1000万円です。これなら、後継者は、現経営者の死亡時の現経営者名義の財産を譲るだけですんだことになります。

つまり、株式の生前贈与を受けた場合、**後継者が努力して会社の価値を上げれば上げるほど、遺留分の制約が大きくなってしまうのです**。これでは、経営努力に対する後継者のインセンティブを削いでしまうおそれがあります。

ここでの問題は、後継者の経営努力によって上昇した株価が遺留分算定の基礎財産に算入されることにあります。

経営承継円滑化法の制定

このような問題への対策として、2008年10月から施行された**経営承継円滑化法**で、**遺留分に関する特例**が定められました。

この特例により、後継者と後継者以外の推定相続人は、後継者が現経営者から生前贈与によって取得した自社株式について、①**遺留分算定の基礎財産に算入しないとの合意**（**除外合意**といいます）や、②**遺留分算定の基礎財産に算入する価格を合意時点の価格とすることの合意**（**固定合意**といいます）ができることとなります。

つまり、除外合意によれば、遺留分算定に際し株式を外すことができますし、固定合意によっても、後継者の経営努力による株価上昇は遺留分算定の際に考慮しないことができるようになるのです。

なお、この特例の適用範囲は、親族内承継以外の方法にも拡大されます。

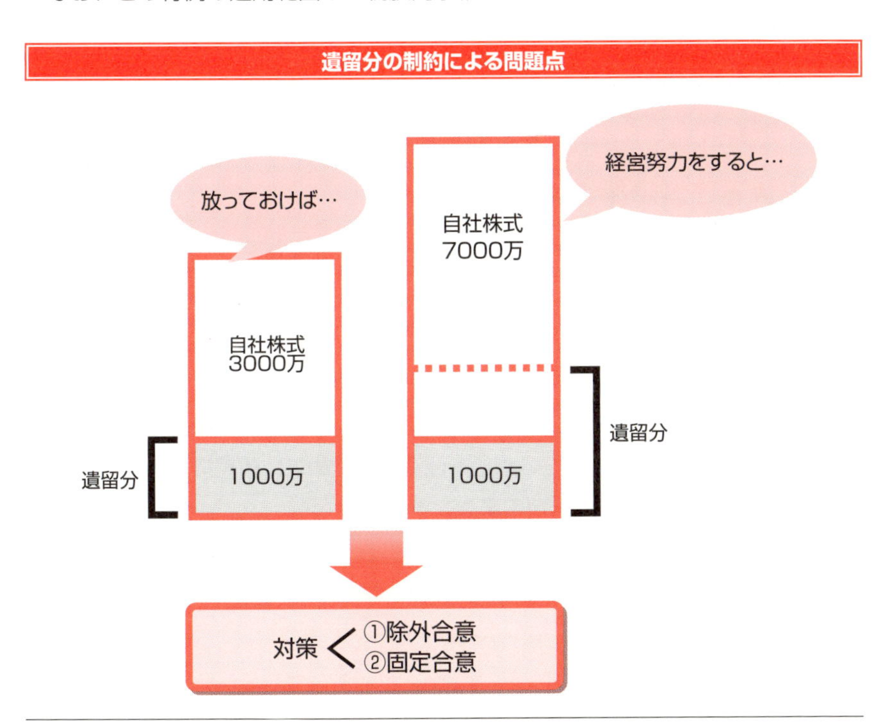

3-7 相続による事業承継
遺言とセットで行うことが不可欠

相続による事業承継の特徴は、現経営者の死亡時に行われるという点にあります。費用負担は比較的少ない承継方法ですが、相続紛争が生じやすい方法ですので、とくに事前の対策が重要となる承継方法です。

相続による事業承継のメリット

相続による事業承継の方法のメリットは、相続税が適用されるため、他の承継方法に比べ、**費用負担が小さい**という点にあります。

たとえば、**基礎控除額***だけ見ても、贈与税の場合は110万円であるのに対し、相続税の場合は

3000万円＋600万円×法定相続人の人数

の基礎控除が認められています。後継者が資金力に乏しい場合などは、事業承継税制（第7章参照）の利用や、相続による方法によることになると思われます。

相続による事業承継の注意点

①遺産分割協議が必要

相続が発生すると、**相続財産は、原則として全相続人の共有**となり、各相続人は自由に相続財産を処分することができなくなります。

この共有状態を解消するには、**全相続人による遺産分割協議**を成立させなければなりません。遺産分割協議は長期化することも多く、事業の継続に重大な支障が生じるおそれがあります。この事態を回避するために、**相続による事業承継の方法は遺言とセットで行うことが不可欠**です。

②後継者の地位が不安定

相続による事業承継は、現経営者の死亡という事実の発生によって自動的に生じるものです。

そのため、遺言もなく相続による事業承継にいたってしまった場合、後継者が

＊**基礎控除額**　その金額までは税金がかからないという金額のこと。

取得できる財産は遺産分割協議をしてみないとわからない状況となり、後継者の地位は非常に不安定なものとなってしまいます。

とくに遺産の大部分が自社株式や事業用資産である場合は、他の相続人が事業用資産などについても自身の取り分を主張することが多く、事業の継続に必要な財産が各相続人に分配されてしまう可能性があります。

③遺留分の制約がある

たとえ現経営者が遺言を作成していた場合であっても、遺言の内容が他の相続人の遺留分を侵害するものであった場合は、侵害する部分の遺言の効力が否定されてしまうおそれがあります。

④多額の相続税が発生することもある

相続による事業承継は、他の承継方法に比べて費用負担は軽い傾向があるとはいえ、相続財産が高額である場合は、多額の**相続税納付の必要が生じる場合**も珍しくありません。

相続による事業承継のメリット・デメリット

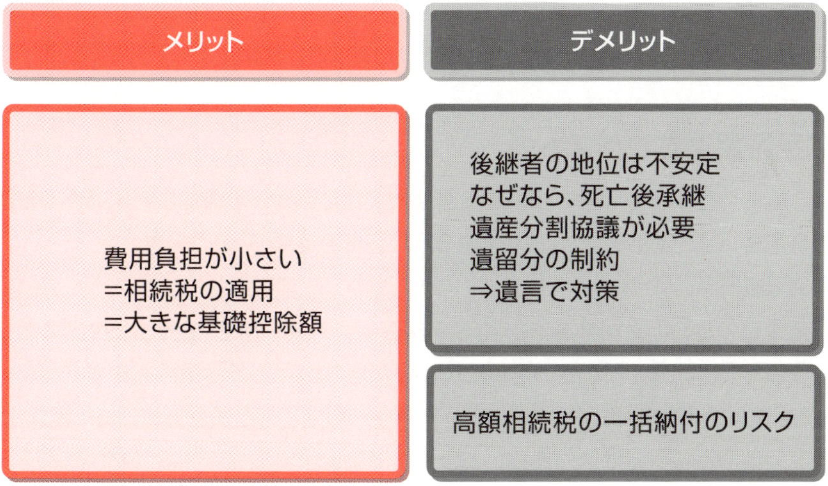

メリット	デメリット
費用負担が小さい =相続税の適用 =大きな基礎控除額	後継者の地位は不安定 なぜなら、死亡後承継 遺産分割協議が必要 遺留分の制約 ⇒遺言で対策 高額相続税の一括納付のリスク

3-8 遺言を活用する

相続問題は遺言で回避できる

遺言を作成しておけば、相続による事業承継の問題点の多くは回避することができます。相続による事業承継を円滑に進めるために遺言は不可欠です。ポイントを押さえた遺言をぜひ作成しておきましょう。

遺言は必須

現経営者名義の銀行口座で事業用資金を管理していた場合、現経営者が死亡すれば、全相続人の同意がないかぎりは資金の引き出しができなくなってしまいます。

このように、**もし遺言がなければ、後継者は単独で現経営者名義の財産を動かすことができなくなってしまう**のです。

この状態を解消するには、全相続人による**遺産分割協議**をして財産の分け方を決めればよいのですが、この遺産分割協議がまたトラブルのもとです。何年もかかる遺産分割協議は珍しくなく、そうなると事業の継続どころではありません。

この事態を回避するために、最低でも事業用財産については遺産分割協議不要の状況を作っておくこと、すなわち**遺言を作成しておくことが必須**なのです。

公正証書遺言がベスト

一般的に作成されることが多い遺言は、すべて自分で手書きして作成する**自筆証書遺言***と、**公証人***に**作成してもらう公正証書遺言**の2種類です。

自筆証書遺言は、決められた方式にしたがわないと無効となるリスクがあります。事業承継のための大切な遺言が万一にも無効となると大変なので、多少の費用がかかっても、間違いが起きる可能性のほとんどない公正証書遺言を作成することをお勧めします。もっとも、相続法改正に伴って制定された遺言書保管法に基づき、2020年7月10日以降は法務局における自筆証書遺言の保管制度が利用できるようになるため、自筆証書遺言で間違いが起きるリスクは低くなります。

＊**自筆証書遺言**　改正相続法下では、財産目録に限ってパソコンでの作成が可能になりました。ただし、ページごとに署名押印が必要となります。

＊**公証人**　公正証書という強力な法的効果を持つ書面を作る権限を与えられている公務員のこと。

遺言作成時の注意点

①すべての財産を書く

遺言には、とくに事業用の財産については漏らさず書いてください。遺言の記載から漏れてしまった財産については、別に遺産分割協議をしなければなりません。

財産を漏らさず記載するコツは、「その他一切の財産は△△に相続させる」などの包括的な条項を付けておくことです。

②遺留分への配慮

後継者が取得した事業用資産などに対し、他の相続人が遺留分の主張をすることがないよう、遺言を作成する際は**他の相続人に十分配慮をすべき**です。

遺言での配慮の内容としては、他の相続人にも遺留分を侵害しない程度に財産を相続させる、そのような財産分配にした理由について遺言者の考えを付記する、などが考えられます。

③遺言執行者を指定する

遺言内容を迅速に実現するため、遺言には、遺言内容の実現のための権限と責任をもつ人（**遺言執行者**）を指定しておくことが望ましいでしょう。

相続問題は遺言で回避

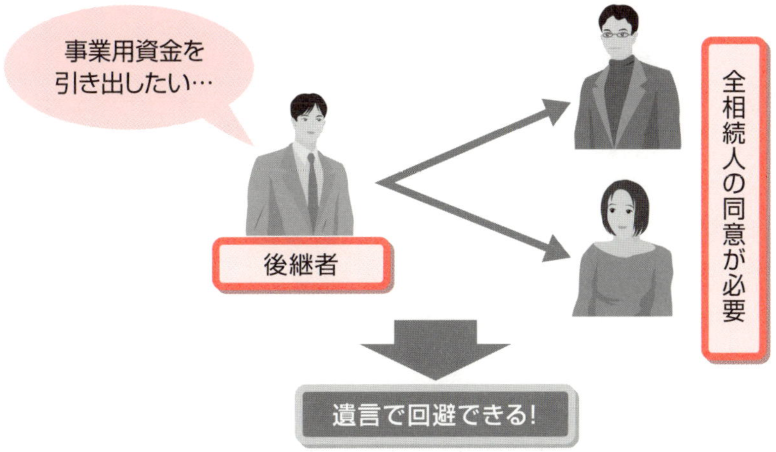

事業用資金を
引き出したい…
後継者
全相続人の同意が必要
遺言で回避できる!

3-9 親族内承継の注意点
最後は相続で……というのは大間違い

親族内承継は、後継者が気心の知れた親族であるために、気が緩みがちです。しかし、親族内であるからこそ生じる問題点も多くありますので、しっかりした準備が必要です。

親族であることに甘えない

親族内承継の方法の問題点として、親族を後継者とすることの安心感から事業承継への出足が遅れがちという点があります。

他の承継方法であれば、事業承継計画の立案は、いってみれば完全な他人との間の約束事の作成です。まして約束の内容は、自身が育てた事業を他人に譲るというものですから、約束の内容作成は当然慎重になるでしょう。

ところが、親族内承継の場合は、後継者は気心が知れた身内です。はっきりした約束をしなくても、なあなあで通ってしまうことも多いと思います。また、親族内承継の場合、ついつい「最後は相続で承継できるのだから、そんなに慌てなくても……」と考えがちです。

しかし、**「最後は相続で……」というのは大間違い**です。親族間でも企業の経営権を巡って一度利害関係の対立が起きれば、その対立は愛憎を伴う親族間であるがゆえにきわめて深刻なものになりがちです。

このような利害関係の対立も現経営者が元気なうちに起きてくれればまだ対処のしようもありますが、この種の対立が顕在化するのは、通常、現経営者が亡くなって遺産分割の協議が始まった席です。「最後は相続で……」の考えの人は十分な遺言も作成していないことが多いと思われますので、一度紛争が起こってしまえば手の打ちようがありません。

ここにいたってしまえば事業の継続は不可能です。

最後は相続が待っている親族内承継であるからこそ、しっかりと事業承継を考えなければならないのです。

親族内承継の一般的注意点

①承継計画はできるだけ早期に立案する

親族内承継だからこそ、相続時に承継の問題を残してはいけません。できるかぎり現経営者の生前に事業承継の対策をしなければなりません。

②他の相続人への配慮

事業承継の問題については、親族間の協議を行い、親族が一致して後継者を支援できる態勢を作りましょう。遺留分対策としても重要です。

③合意は書面化する

親族間の合意でも契約書をきちんと作成すべきです。とくに親族間の贈与は仮装を疑われるおそれもあります。仮装となれば、相続時などに贈与を否定されてしまうかもしれません。

親族内承継の注意点は

親族内に甘えるな

①早めの承継対策
②他の相続人への配慮
③書面化

怠ると…相続紛争が勃発!

後継者の心がけること

現経営者は後継者を信頼して事業譲渡を行うのですから、信頼関係を築くことができるように以下の点を心がけるとよいでしょう。

●現経営者の業績を認める

現経営者は企業を現在のようにした最大の貢献者ですから、その業績について後継者は素直に認めなければなりません。そこから、すべては始まります。

だからといって、後継者が現経営者に意見を述べてはならないということにはなりません。現経営者から意見を求められたら、率直に意見を述べるべきです。現経営者から意見を求められても意見がいえないようでは、この後継者に企業を任せて本当に大丈夫なのか？　という不安をかえって現経営者に与えることになってしまいます。ただし、意見を求められていないにもかかわらず、現経営者に対して批判的な意見を述べるような、出すぎたことは逆効果ですので避けるべきです。

●一から教えてもらうという気持ちを持つ

後継者が、企業に入って、いくら長いとしても、現経営者でなければわからないことがたくさんあります。取引先との付き合い方にしても、単なる担当者の立場と、経営者の立場とは違います。現経営者は、自らが後継者に指名した以上は、自分のすべてを後継者に継がせたいと思うはずですから、その気持ちにこたえて、後継者はたとえわかっていることでも、確認の意味も含めて現経営者に教えを請うべきです。

●現経営者と十分なコミュニケーションをとる

後継者を決めたにもかかわらず、事業承継がうまくいかなくなる理由はいろいろありますが、その1つとして、現経営者が、この後継者で本当に大丈夫なのか？と疑心暗鬼になることです。その大きな原因は、現経営者と後継者の間のコミュニケーション不足です。事業承継の過程で、後継者が現経営者の期待にそぐわなかったり、ミスをおかしたりする場合が当然あります。現経営者と後継者との間に十分なコミュニケーションがとれていれば、そのような障害も容易に乗り越えることができますが、そうでない場合は、信頼関係を破壊する原因にもなりかねません。

第4章

従業員などへの事業承継

前の章では、親族への事業承継について紹介しましたが、現実には、現経営者に必ずしも承継に適した親族がいるとは限りません。

この章では、親族以外の、従業員や役員などに対して事業を承継する場合について紹介します。

親族への事業承継にはないメリットがある一方、親族間の事業承継では問題となりにくいデメリットもあります。

デメリットを減らして、よりスムーズな事業承継を行うためのコツはどのようなところにあるのか、具体的なポイントを把握しておきましょう。

4-1 従業員などへの承継のメリットは？
身内に後継ぎがいない場合でも

事業承継は、親族内で行われるのが数の上ではまだ主流ですが、親族以外の、自社の従業員や役員に承継を行う事例の割合は確実に増えてきています。従業員などに事業承継を行うことのメリットはどこにあるのでしょうか？

親族には継がせられない…そんな場合でも

これまでは、親族内で事業承継をすることを主に説明してきましたが、現経営者に必ずしも事業を継がせるのに適した親族がいるとは限りません。

また、子供や身内にいずれ事業を継がせたいとは思っているものの、まだ年齢が若い、経験が足りないなどの理由で、すぐに承継の準備をするには適さないという場合もあるでしょう。

さらには、身内への事業承継を考えていたものの、社内での信頼に欠け、円滑な承継が期待できないという場合もあるかもしれません。

このように、いわゆる「**後継ぎ**」がいない、あるいは適していないという理由で、事業を続けることをあきらめざるを得ないのでは、と考えている現経営者も多いのではないでしょうか。

このような場合でも、自らの会社の中に、信頼のできる、業務に精通した**従業員**や**役員**が存在するのであれば、これらの人たちに事業承継をすることが考えられます。

従業員などを後継者として選ぶことを検討することは、身内に適当な後継ぎがいない場合にも事業承継の可能性をひらくとともに、事業承継の選択肢を広げる意味でとても有用です。

信用のある従業員なら、承継もスムーズ

さらに、従業員や役員であれば、業務内容に精通していることが期待でき、すでに業務に関して実際の経験を通じた教育（オンザジョブトレーニング）を受けた

と評価できるわけですから、**後継者教育の時間は短縮する**といったメリットも期待できるかもしれません。

また、長年会社に貢献していた人材であれば、社内・外を問わず、**人間関係上の信頼関係を得ている**ことが多いものです。

事業承継にあたり、社内の**他の従業員の協力も得られやすくなる**ほか、**取引先や債権者に不安を抱かせることも少なくなる**というメリットを得ることも考えられます。

子供などの身内に承継した場合には、どうしても引き際が不明確になり、完全な引退をずるずると引き延ばしてしまうということも起こりがちですが、従業員などへの承継の場合は、完全な引退が可能となります。

また、このように完全な引退をすることにより、経営責任を誰が取るのか、という点も明確になり、後継者による責任のある会社運営が期待できるともいえます。

後継者選定状況・親族外承継の現状（中規模法人）

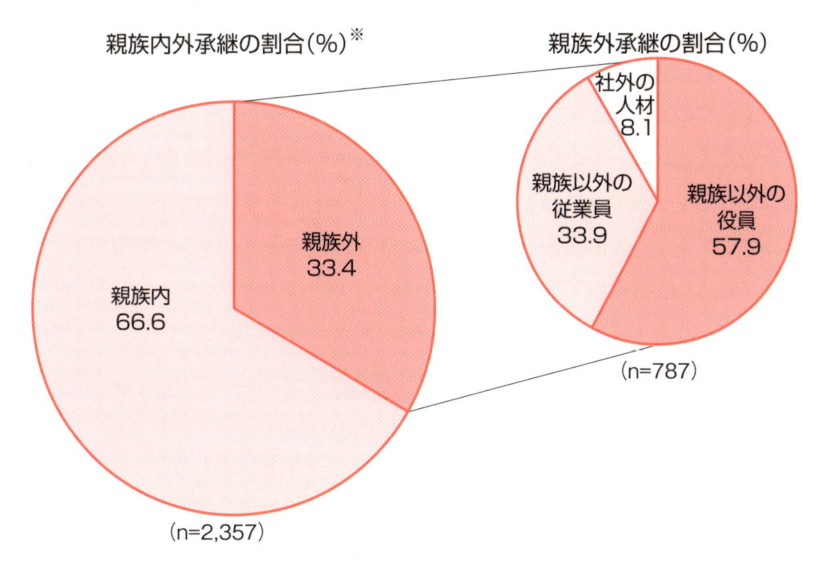

※「後継者が決まっている」「後継者候補あり」と回答した者と、後継者・後継者候補との関係

出典:中小企業庁『2017年版中小企業白書』より 中小企業庁委託「企業経営の継続に関するアンケート調査」(2016年11月、(株)東京商工リサーチ)より一部抜粋

4-2
従業員などへの承継のデメリットは？
後継者の資金不足、個人保証が壁に

従業員などへの承継は、事業承継の選択肢を増やし、事業の一体性を保ちながらスムーズな承継を行う可能性を持つ一方、従業員と経営者は根本的に立場が異なるという事実から生じる困難が存在します。

従業員にとって、事業承継の資金は負担…

前項では、従業員などに事業を承継することのメリットについて説明しました。しかしながら、従業員などへの事業承継を考えた場合に、避けては通れないデメリットがあることも知っていただかなければなりません。

なんといっても大きな問題は、**後継者の資金不足**です。従業員などは、社長や親族と違って会社の株式を保有していないのが通常ですから、事業承継をする際、現経営者などから株式を買い取らなければなりません。ただ、従業員などがそのための十分な資金を持っていることは、むしろまれでしょう。

どうしても資金が用意できない場合は、ファンドを通じたMBO*（**マネジメント・バイアウト**）やEBO*（**エンプロイー・バイアウト**）などを検討する必要があります。

経営承継円滑化法の遺留分に関する特例や、贈与税の納税猶予制度は、親族内承継以外の場合も利用できるので、現経営者の親族の理解が得られる場合は、株式の贈与を受けつつこれらの特例を利用することも考えられます。

また、**経営者保証**という壁もあります。通常、規模が小さい会社の場合には、金融機関から事業資金を借り入れる際、経営者個人が連帯保証人となったり、経営者個人の資産（家や土地など）に抵当権をつけたりすることが行われます。事業承継を行った場合には、後継者も連帯保証人となったり、個人の資産を担保として差し出さなくてはならなくなったりする場面が生じるということです。

これは、後継者にとっても負担が大きく、融資先が不安に感じることもあります。しばらくは、現経営者の連帯保証を継続するなどして、後継者および金融機関の理解を得る必要が生じる場合もあるでしょう。

---

*MBO　Management Buy-Outの略。経営陣買収。2-11参照。
*EBO　Employee Buy-Outの略。従業員買収。2-11参照。

後継者へのやっかみ、不信

また、従業員などへの承継の場合、**現経営者の一族が不満**を持つということもありますし、社内で、その後継者を快く思わない他の社員あるいは一派が存在し、**承継後に協力を拒む**といったことも考えられます。

前者の問題については、これらの親族の中に株主がいるような場合にはとくに、現経営者みずから十分に説明して理解を得るとともに、後継者と会社の収入、財産を区別し、いらぬところで不信感を招かないようにします。

従業員などへの承継のメリット・デメリット

メリット	デメリット
・身内に適当な後継者がいない場合にも、事業を継続することができる ・後継者教育の時間を短縮できる可能性がある ・社内外の信頼をすでに得ているケースもある ・現経営者は完全な引退をしやすい ・現経営者は株式を譲渡して現金を得られる	・後継者に株式を取得するだけの資力がない場合がある ・後継者が、会社の借り入れの連帯保証人にならなければならない ・従業員への承継を快く思わない現経営者の親族や、他の従業員が後継者への協力を拒むおそれもある

4-3
後継者に適している人物は？
従業員などへの承継の具体的方法①

親族ではなく、社内の従業員あるいは役員へ事業承継する場合には、その人物の選定が承継の成功を大きく左右することになります。ここでは、後継者選定のポイントを大きく5つに分けて検討します。

後継者を選ぶときのポイント

社員などに承継することを検討する場合、具体的にはどのような人物が適しているのでしょうか。

小規模の会社であれば、候補となる人はおのずと限られてしまう、という場合もあるでしょうが、中規模の会社になると、何名かの人が候補として浮かび上がってくるということもあるでしょう。

どのような点を基準として候補者を選ぶべきか、ポイントを挙げてみます。

その1　担当している業務に精通しているか

これは、当然ともいえる前提でしょう。少なくとも候補者自らが担当していた業務については、周囲から「安心して仕事をまかせられる」と思われている人物でなくては、事業承継にあたって周囲の協力を得ることがそもそも困難であることは明らかです。

その2　会社全体の業務の流れを把握しているか

その1で述べたように、担当業務に精通しているのはもちろんのこと、社内全体の業務の流れ、問題点などを把握している人物であれば、スムーズな事業承継を行うことがより容易になります。

その人物の地位、異動の有無・経緯などにより、どの程度把握しているかを客観的に判断する必要があるでしょう。

その3　社内の人望は厚いか

社内での情報を得て、なるべく客観的な評価をする必要があるでしょう。普段から、きちんとしたコミュニケーションがとれているかも要チェックです。

その4　主な取引先と交流はあるか、信用を得ているか

事業承継をスムーズに行うためには、社内のみならず、取引先、融資先など、社外の関係者の理解を得ることが重要なポイントになることは、従業員などへの承継の場合でも同様です。

その5　数字に強いか

従業員であったときと違い、会社の経営者となったときには会社の財務状況について常に厳しく目配りをする必要があります。できれば財務諸表などを読むことができる**経理・財務のスキル**があることが望ましいでしょう。

後継者を決定した理由（親族外）

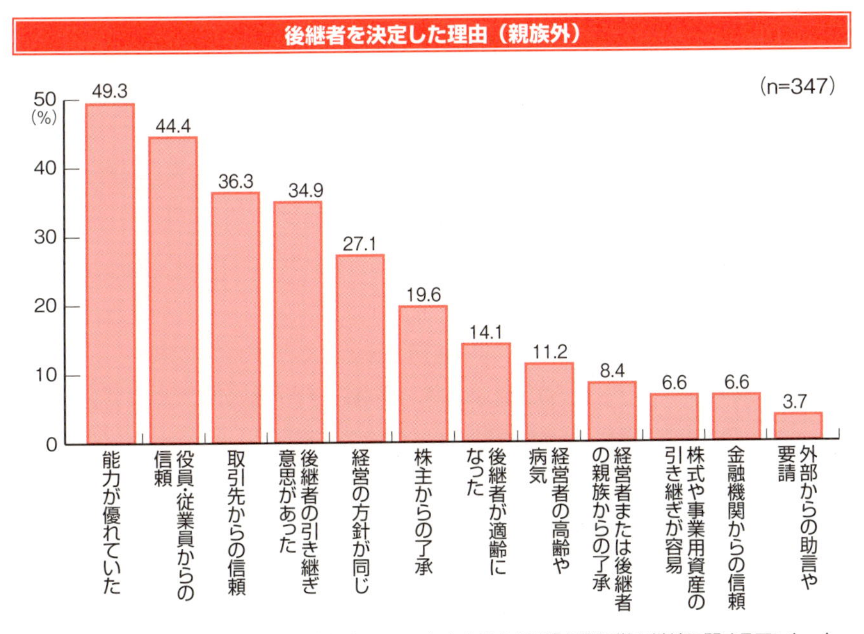

出典:中小企業庁『2017年版中小企業白書』より　中小企業庁委託「企業経営の継続に関するアンケート調査」(2016年11月、(株)東京商工リサーチ)より一部抜粋

4-4
関係者の理解を得る
従業員などへの承継の具体的方法②

現経営者が後継者を心に決めても、まずはその後継者が事業を承継することを承諾してくれなくては前に進みません。また、他の従業員、取引先、融資先、現経営者の親族らにも理解をしてもらわなくては、承継がスムーズに行われなくなります。

後継者にとっても、熟考する時間が必要

候補者を絞りこむことができた場合、まずはその候補者に、現経営者の意向を伝えるとともに、本人の意思を確認しなくてはならないのは当然のことです。

もちろん、候補者としては、即答できる場合ばかりではありません。事業を承継することのメリット・デメリットについても十分理解をしてもらったうえで、**熟考できるだけの時間**を与えましょう。

現経営者としては、時間をかけて自信を持って選んだ候補者だけに回答をせかしたくなるところでしょうが、会社を背負っていくというのは並たいていのことではありませんから、むしろ悩み、時間をかけて決断するのが通常でしょう。

さらに、その候補者から質問などがあった場合には、取り繕うことなく、**よいことも悪いことも正直に話し**、誠実に回答しましょう。

正確な情報を伝えたうえで承継してこそ、承継後の事業が円滑に回るということを肝に銘じる必要があります。

また、**株式を買い取るだけの資力の有無**も確認しなければなりません。承継をする気持ちはあるが、資力がないという場合には、ファンドから資金提供を受けるMBOやEBOなどを検討しなければならないからです。

周囲に受け入れてもらうことが成功のカギ

候補者が承継を承諾した場合には、次に、候補者以外の従業員などにも、現経営者の意向を伝えることになります。

候補者と対立しているような派閥・グループが存在している可能性もあります

ので、人間関係に配慮しつつ**十分に時間をかけて説明**しましょう。

この際気をつけなくてはならないのは、従業員に現経営者の事業承継の意向を伝えると、従業員らから取引先・債権者（金融機関）などに情報が漏れ、取引先などが不安に感じたり、正式な説明がないことを不審に感じるという危険性があることです。

従業員らには、社外に漏らすことのないように事前に注意するとともに、従業員らに説明を行ったのち、時期をおかずに**取引先や債権者などにもただちに説明**し、後継者を紹介しに行けるようにあらかじめスケジュールを組んでおくようにしましょう。

取引先や債権者は、後継者と面識がない場合も考えられます。事業を承継させるのに最も適した人材であることを相手にも十分理解してもらいましょう。

理解を得るべき関係者と、説明する際のポイント

関係者	説明する際のポイント
後継（候補）者本人	・後継者となることのよい点・悪い点を隠さず話す
他の従業員など	・後継（候補）者との人間関係に注意 ・秘密を守らせる
取引先など	・説明が遅れて不信感や不安感を招かないようにする ・後継（候補）者が経営に適した人材であることを十分に説明する
現経営者の親族	・親族の中に株主がいる場合には、後継者の選任の理由などを十分に説明し、承継後の経営に理解を示してもらうよう依頼する

4-5
経営者の個人保証や担保の処理は？
従業員などへの承継の具体的方法③

会社の借金について、個人でも保証したり担保を差し出したりしなければならない場合があることが、経営者と従業員の大きな違いです。後継者に最も負担の少ない道を考えることが現経営者の責務といえるでしょう。

まずは債務を整理する

中小企業の経営者は、会社の金融機関に対する債務に関して、経営者個人で連帯保証をしていたり、経営者個人の不動産などの資産を担保として差し出していたりする場合がほとんどです。

従業員などが後継者となる場合には、このような連帯保証の引き継ぎや担保の処理をどのように行うのかが問題となります。

まず、事前の対策として、**個人保証**が必要な債務についてはできるだけ整理し、承継の際になるべく後継者に負担がかからないようにすることが必要です。

債務のスリム化は、会社の財務状況によってはすぐにできるとは限らないので、従業員などに承継することを考えたときには早期に取りかかるべきでしょう。

金融機関と粘り強く交渉をする

次に、**連帯保証**などの処理については、何をおいても金融機関の理解なしにスムーズに行うことは難しいので、時間をかけて、会社の事業承継について理解を得るようにし、後継者の負担が少なくなるように交渉しましょう。

場合によっては、事業承継後の債務については後継者が連帯保証することとし、承継前の借り入れについては、現経営者が連帯保証を継続する、あるいは、当分の間は現経営者が後継者とともに連帯保証する、などの手段を講じる必要が出てくるかもしれません。

金融機関との交渉をスムーズに行うためにも、事業が順調に運営されていることが必要ですので、会社自体が体力・実力をつけておくことが望ましいでしょう。

2013年12月に公表された「**経営者保証に関するガイドライン**」（8章末コラム参照）では、事業承継の際に、後継者に当然に保証債務を引き継がせるのではなく、保証契約の必要性をガイドラインに即して改めて検討することなどが提言されています。

資金を捻出できるような配慮を…

また、後継者が経済上不利益をこうむる危険性を低下させ、後継者の不安感を軽減させるよう、**報酬**などにおいて配慮をすることも必要といえます。

現経営者が差し出している**担保**についても、事業承継があるからといって金融機関が担保をはずしてくれるなどということは、あまり期待できませんので、しばらく担保がついた状態が続くと考えた方がよいでしょう。

いずれにしても、経営者となったのちには、個人で借金について責任を負わなければならないという点については、単に従業員などであったときと最も大きな違いといえます。十分な配慮をする必要があります。

個人保証の状況（中規模法人・小規模法人）

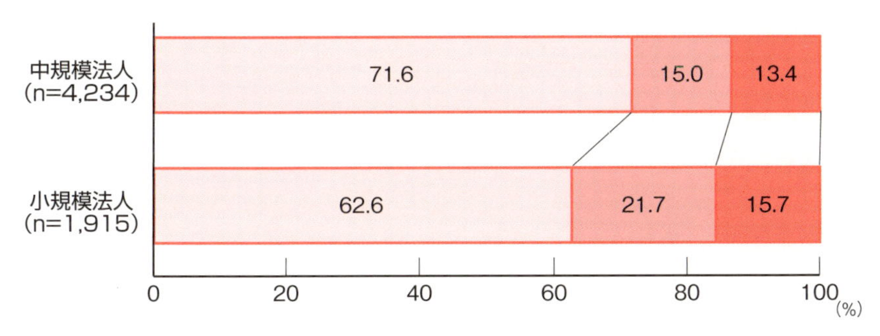

出典:中小企業庁『2017年版中小企業白書』より　中小企業庁委託「企業経営の継続に関するアンケート調査」(2016年11月、(株)東京商工リサーチ)

4-6
従業員などへの承継、こんな成功例も!!
事業承継をきっかけに経営改革

従業員などへの承継は、承継資金の準備など大きな壁があるのも事実ですが、十分に計画を立て、事前準備をすることによって、単なる経営の継続以上の効果をもたらすこともあります。ここでは、そのような例を見てみましょう。

従業員どうしのコミュニケーションが活発に

従業員などへの事業承継をしたことによって、経営を継続することができたのみならず、これをきっかけに、経営の改善・革新まで行うことができたという成功例もあります。

従業員などの中から選ばれた後継者は、現場で働いていた経験があるからこそ、現経営者でさえ気づくことができなかった問題点に気づいている、ということも多いのです。

そして、承継後に、経営者としてそのような会社の問題点の改善に取り組み、成功させるといったことが可能になります。

たとえば、ある会社では、前経営者までは創業者の一族により、いわゆるトップダウン形式で指示命令が行われる傾向が見られ、社員間での横の連絡・報告などが十分に行われていませんでした。

従業員時代からこの傾向に疑問を感じていた後継者は、従業員どうしの横の連絡が密にとれるよう報告・連絡・相談の仕組みを整え、また経営者と従業員とのコミュニケーションがとれるよう努力を重ねた結果、開かれた組織となり、**従業員間で活発な意見交換ができる**ようになりました。

不採算分野からの撤退ができた

別の例もあります。

ある会社では、前経営者が固執するあまり、事業性が劣る分野について撤退することができずにいましたが、**後継者は冷静な判断から撤退を行うことを決意**し、

収益性の高い事業に集中的に力を注ぎ、特化することで、逆風だった経営状態を乗り越えることができました。

また、従業員などが承継する場合には、会社の株式を取得するための資金不足が障害となることも多いですが、取引先銀行との交渉を行い、後継者がその金融機関から資金の融資を受けて、株式の買い取りが可能になったという例もあります。

そのほか、ボーナスや役員報酬などについて事前に株式取得のための資金を準備できるように金額面を配慮することで、**自己資金による株式の取得が可能になった**という例もあります。

このように、工夫をして障害を乗り越えれば、事業の一体性を保ちつつも、新たな風を会社に吹き込むことができる可能性があるのが、従業員などへの事業承継といえるでしょう。

しかし、上で挙げたいずれの成功例の場合も、十分な事前準備と関係者への説明を行ったことにより、周囲の理解を得られたのが前提となっていることはいうまでもありません。

このような成功例も

4-7
従業員などへの承継の注意点
意外と見落としがちなこと

従業員などへ承継を行う場合に、承継資金の問題があることは説明しましたが、実際に承継を行おうとする場合には、思わぬところに落とし穴がある場合もあります。ここでは、現経営者が見落としがちな注意点を挙げてみます。

その従業員は本当に後継者として適任か？

従業員などへの承継の注意点としては、まず、その候補者の能力の有無、社内外からの信頼の有無について、**現経営者の独断で判断しない**ということが挙げられます。

どうしても、自分がかわいがっていた従業員などに対してはひいき目になってしまうため、その候補者について、現経営者の評価と実際の社内外の評価とは差がある、ということは大いにあり得ることです。

このような状態では、承継後に他の従業員が後継者について行かず、結局社内の雰囲気も悪くなり、生産性が落ちていってしまうということになりかねません。

ですから、候補者を選定するときには、自分がかわいがっていた従業員、自分の身近にいた従業員に対してこそ、**客観に徹した評価をする**ことが必要となってくるでしょう。

後継者の足を引っ張る人はいないか？

また、社内に派閥、あるいはこれに似た状態が生じている場合にも、注意が必要です。

選定した候補者と対立しているようなグループがある場合には、承継後に争いが表面化したり、一部の従業員が後継者に協力しなかったり、という状態が生じ得るからです。

社内の人間関係について、的確に把握するとともに、これらの問題が生じないように、承継前に他の従業員に詳細に説明をし、十分に**従業員からの納得を得てお**

くようにしましょう。

経営者に対しては、なかなか通常の従業員は心の底を吐露することはできないものです。

日々、コミュニケーションを積み重ねておかないと、従業員間の人間関係の細やかなところはなかなか把握できないものなのです。

事業承継を検討する際には、ぜひ意識的に**社内の人間関係についてアンテナを張る**ようにしてください。

さらに、候補者である従業員に資力がなく、会社の株式を買い取ることが難しいという場合が考えられます。

このような場合については、ファンドから資金の提供を受けるMBOやEBOを検討する必要性が出てきます。

自分がかわいがっていた人間にこそ冷静な評価を!

社内の人間とコミュニケーションを図り、人間関係にアンテナを張る

資力が乏しい場合には、
ファンドを利用した
MBO、EBOなども検討

「経営者の退職金」小規模企業共済

個人事業主や小規模企業の経営者の方が、退職や廃業に備えて生活資金などを積み立てておくことができるのが「**小規模企業共済**」です。

掛金月額は、1千円から7万円まで自由に選ぶことができ、払込掛金額・払込年数・共済金の請求理由により、受け取る共済金の額が変わる仕組みになっています。

たとえば、月額掛金1万円、掛金納付年数20年の場合、納付する掛金は240万円ですが、65歳以上で役員を退任した場合に受け取ることのできる共済金は265万8,800円となります。

共済金は、一括でも分割でも受け取ることができ、**税法上「退職所得扱い」または「公的年金等の雑所得扱い」**となります。

共済金は、差押禁止財産であるため、万一事業が上手くいかなくなって廃業する場合も、**共済金だけはその後の生活資金として手元に残すことができます。**

また、掛金の納付期間に応じた貸付限度額の範囲内で、事業資金などを**契約者貸付**として借りることもできます。

なお、毎年支払った掛金は、「**小規模企業共済等掛金控除**」として全額所得から控除され、節税効果もあるとされています。

小規模企業共済は、国の機関である**中小機構**（独立行政法人中小企業基盤整備機構）が運営しており、全国で約133万人＊の方が加入しています。

「**経営者の退職金**」と呼ばれている小規模企業共済で、引退後の生活資金を準備しておいて、ハッピーリタイアメントを実現させてください。

＊**約133万人**　2017年3月時点

第5章

法律面から見た事業承継の注意点

株式や事業用資産の承継を考える際には、後継者以外の相続人（遺産を相続する人）の遺留分に注意する必要があります。遺留分とは、相続人の最低限の取り分のことです。

遺留分については、経営承継円滑化法で特例が定められているので、この特例を利用するとよいでしょう。

後継者が安定した事業経営を行うためには、株式やその議決権を後継者に集中させる必要があります。議決権の集中や分散防止を図るための方法としては、信託を活用する方法、種類株式（譲渡制限株式、議決権制限株式、拒否権付株式、取得条項付株式など）を活用する方法などがあります。

5-1 遺留分とは
後継者に財産を譲るときには注意！

遺留分とは、相続人（遺産を相続する人）の最低限の取り分のことです。現経営者が遺言、遺贈、贈与などにより後継者に自社株式や事業用資産を譲るときには、後継者以外の相続人の取り分が遺留分より少なくならないよう注意が必要です。

遺言で後継者に財産を集中させても…

遺留分というのは、**相続人（遺産を相続する人）の最低限の取り分**のことです。

たとえば、亡くなった経営者が遺言、遺贈、贈与などにより後継者に自社株式や事業用資産を譲ったために、後継者以外の相続人の取り分が遺留分よりも少なくなると、その人が不足分について金銭請求することができます。

遺留分を主張できるのは、兄弟姉妹以外の相続人（配偶者、子や孫、父母や祖父母）です。その遺留分は、**父母や祖父母のみが相続人の場合**＊以外は、被相続人（亡くなった人）の財産の1/2と民法で決まっています。

遺留分はどうやって計算するのか？

遺留分を計算する際には、遺産だけを見るのではなく、①相続開始時（被相続人死亡時）の遺産に、②相続開始前1年以内にされた相続人以外の者に対する生前贈与、③相続開始前10年以内にされた相続人に対する生前贈与等の**特別受益**の額を加え、そこから、④負債を引いて、「**遺留分算定の基礎財産**」を算出します。

③の特別受益というのは、相続人のうちの1人が、被相続人から婚姻や養子縁組、生計の資本として生前に受けた贈与などのことであり、現経営者が後継者に自社株式や事業用資産を贈与していると、この特別受益とみなされます。

それぞれの相続人の遺留分は、「遺留分算定の基礎財産」に遺留分の比率（原則として1/2）とそれぞれの相続人の**法定相続分**＊をかけて計算することになります。

＊**父母や祖父母のみが相続人の場合**　この場合の遺留分は1/3となる。
＊**法定相続分**　民法で定められている相続の割合のこと。相続人が配偶者と子供の場合は、配偶者が1/2、子供が1/2（数人いる場合は子供全員併せて1/2）となる。

遺留分侵害額請求とは

遺留分侵害額請求とは、遺言などによって遺留分よりも少ない財産しか受け取れなかった相続人が、遺留分の不足分に相当する金額について、遺留分を侵害している相続人に対して相当額の金銭の支払いを請求するものです。

もし、後継者以外の相続人の取り分が遺留分よりも少なくなるような遺言がされていても、その人が遺留分侵害額請求をしなければ問題は生じません。しかし、その人が遺留分侵害額請求をするような事態が生じると、相続に関するもめ事が長引く可能性が高く、事業承継が絡む場合には、そのようなリスクのある事態は防止しなければなりません。

遺留分は事前に放棄できるが

遺留分については、相続人が、家庭裁判所の許可を得て**事前（被相続人の生前）に放棄**することができます。しかし、現経営者の生前に、後継者以外の相続人が遺留分を放棄するには、その人が自分で手続きをしなければならず、放棄するメリットの少ない後継者以外の相続人が進んで**事前放棄**の手続きをしてくれることを期待するのは困難です。また、放棄した相続人と放棄していない相続人がいると、そこに不公平が生じることにもなります。

遺留分について事前に相続人全員の合意が得られる場合は、その後の許可手続きなどを後継者が単独で進めることのできる**経営承継円滑化法**による特例（5-2参照）を利用する方がよいでしょう。

遺留分の計算方法

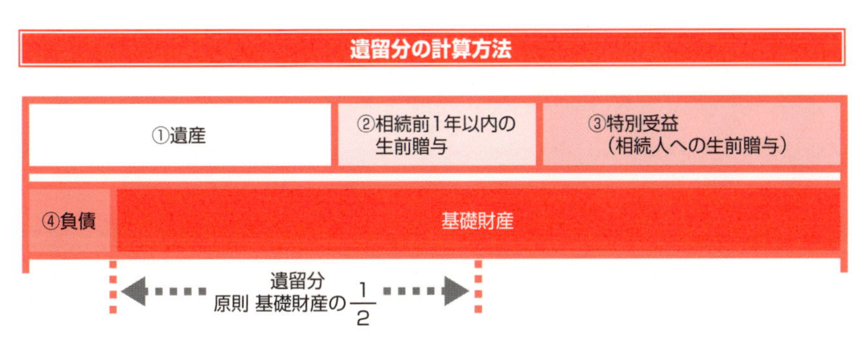

出典:中小企業庁「中小企業事業承継ハンドブック～これだけは知っておきたいポイント29問29答（平成23年度税制改正対応版）」(2011年11月)p.25より。

5-2
経営承継円滑化法を使いこなそう！
遺留分に関する特例の手続き

経営承継円滑化法では、後継者が現経営者から贈与を受けた自社株式について、遺留分を計算する財産から除外したり、遺留分を計算する際に、贈与された自社株式の価額を合意時の価額に固定したりできる制度が定められています。

遺留分に関する民法の特例とは

経営承継円滑化法には、**現経営者の相続人となる人（ただし現経営者の兄弟姉妹とその子らを除く）全員と後継者**＊**が合意**することで、後継者が現経営者から贈与された自社株式について、遺留分を計算する財産から除外したり（**除外合意**）、贈与された自社株式の価額を合意時の価額に固定したり（**固定合意**）できる特例（**遺留分に関する民法の特例**）が設けられています。

この除外合意と固定合意は、どちらか一方を選んで合意することもできますし、両方の合意、すなわち、贈与された株式の一部については除外合意をし、残りについて固定合意をするということもできます。

合意書にはどんなことを書くのか

遺留分に関する民法の特例を利用する場合には、**書面（合意書）**を作成することが必要です。

合意書には、**①合意が会社の経営承継の円滑化を図ることを目的とすること、②除外合意や固定合意の内容（両方の合意をする場合は両方の合意内容）、③一定の場合に非後継者が取り得る措置**を必ず記載しなければなりません。

③の「一定の場合」とは、i）後継者が合意の対象とした自社株式を処分した場合と、ii）現経営者の生きているうちに後継者が会社の代表者を辞めた場合です。たとえば、これらの場合には他の相続人が合意を解除したり、後継者に違約金を請求したりできるなどと定めることが考えられます。

自社株式について除外合意や固定合意をする場合には、そのほかに、①後継者

＊**後継者**　相続人に限られず、第三者でもよい。

が贈与を受けた自社株式以外の財産（事業用資産など）を遺留分算定の基礎財産から除外する合意、②推定相続人間のバランスをとるための措置の定め、③後継者以外の人が現経営者から贈与された財産を遺留分算定の基礎財産から除外する合意をすることもできます。

遺留分に関する特例の手続きはどうするか

遺留分に関する特例の適用を受けるためには、合意をした日から1か月以内に**経済産業大臣の確認を受けるための申請**をし、その確認を受けた日から1か月以内に、**家庭裁判所に許可の申し立て**をしなければなりません。これらの申請や申し立ては、後継者が単独ですることができます。そして、家庭裁判所の許可を得て、初めて遺留分に関する特例を利用することができます。

現経営者Aに相続人として後継者Bと、非後継者C、Dの3人の子供がいる場合の例

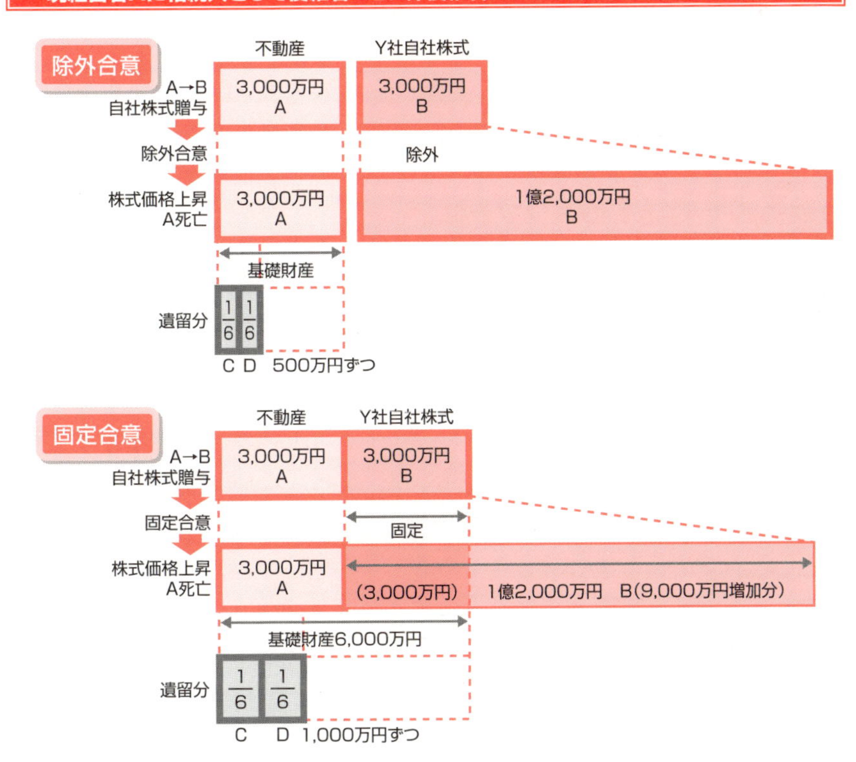

出典:中小企業庁「中小事業承継ハンドブック～これだけは知っておきたいポイント29問29答（平成23年度税制改正対応版）」(2011年11月)p.30より。

5-3
事業承継に信託を使いこなそう！
自社株式の信託で後継者に経営権を集中させる

後継者に経営権を集中させる方法として、自社株式の信託を利用することもできます。自社株式の信託には、①事業承継の確実性･円滑性、②後継者の地位の安定性、③議決権の分散防止効果、④財産管理の安定性などのメリットがあります。

信託とは

信託といえば、投資信託のイメージが強いかもしれません。投資信託は、個人投資家から集めた資金を、まとめて専門家が個人投資家に代わって不動産や有価証券に投資して運用を行い、その成果を個人投資家に分配するものです。

このように、**自分の財産の運用・管理を他者に依頼する制度**が信託です。事業承継の際に、現経営者が持つ自社株式を後継者に移転し、後継者に経営権を集中させる方法として、贈与、遺言などの方法のほかに、信託を利用することもできます。

自社株式を信託するメリットは？

2007年の信託法改正で、**後継ぎ遺贈型の受益者連続信託**や**遺言代用信託**など、中小企業の事業承継に信託を活用できるようになりました。

自社株式を信託すれば、①現経営者が死亡しても、経営上の空白期間を生じさせることなく、経営権を移転できる、②後継者が確実に経営権を取得でき、後継者の地位が安定する、③議決権の分散を防止できる、④現経営者が後継者以外に自社株式を売却してしまうことを防止できる、などのメリットがあります。また、配当の受け取りなどの受益権を非後継者に与えることもでき、非後継者の遺留分などに配慮することもできます。

どうやって自社株式を信託するのか

事業承継に信託を活用する場合には、現金ではなく**自社株式**を信託財産として信託銀行などに移転させることになります。

そうすると、**株式の議決権**は、信託銀行などが行使することになりますが、その議決権行使について信託銀行などに指図する人を、あらかじめ信託契約で定めておくことで、議決権の分散を防止することができます。たとえば、現経営者の死亡後や経営承継予定時期以後は、後継者が議決権行使について指図することができるようにしておくなどといったことが考えられます。

遺言で自社株式を後継者に遺贈することを定めておいても、同じように経営権の移転ができるように思われますが、遺言はいつでも書き直すことができますし、紛失などのおそれや、現経営者が亡くなる前に株式を他人に渡してしまうおそれもないではありません。これに対して、自社株式を信託財産として信託銀行などに移転させておけば、自社株式が現経営者の個人資産から切り離されるので、現経営者が安易に自社株式を処分してしまうという事態を防止することができます。

また、遺言による株式の承継の場合には、遺言が執行されるまでの間、**経営上の空白期間**が生じてしまうおそれがありますが、信託を活用すれば、そのような空白期間を生じさせずに、確実に後継者に経営権を移転させることができます。

自社株式の信託の例

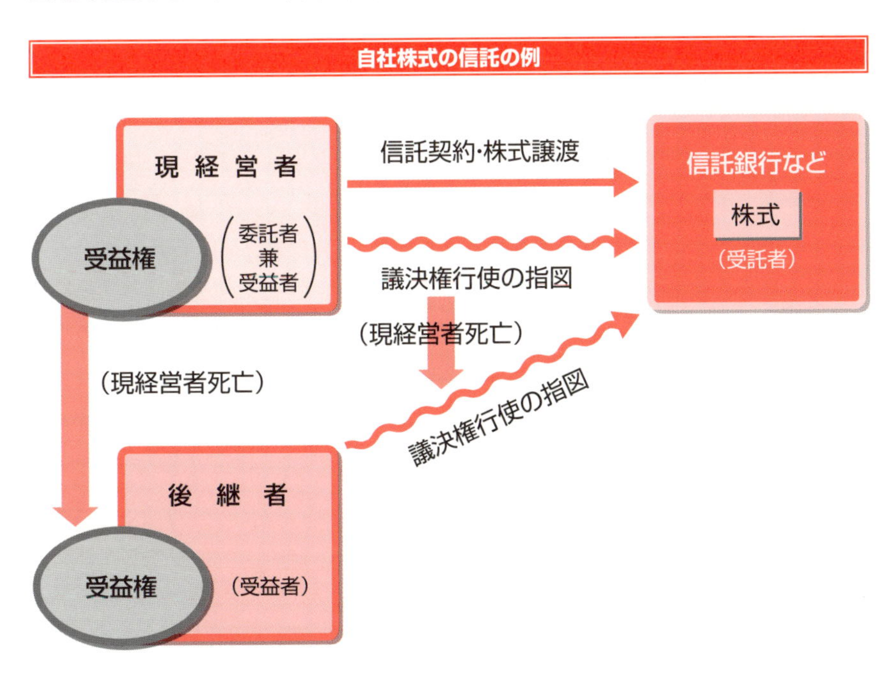

5-4 事業承継に会社法を使いこなそう！
種類株式やキャッシュアウトの利用

2005年に商法が改正されてできた「会社法」は、2014年にも大きく改正されています。この「会社法」の種類株式の利用やキャッシュアウトにより、後継者に経営権を集中させ、円滑な事業承継を行うことができます。

種類株式とは

会社法の特徴は、一言でいえば、会社が定款で自社の制度を自由に設計できる範囲が広がっている、というところにあります。中でも、中小企業の事業承継に関して注目すべきなのは「**種類株式**」の制度です。これは、会社が、定款により、その**発行する株式にいろいろな内容を持たせることができる**というものです。

1つの袋の中に、イチゴ味やメロン味、ミント味など複数の種類のキャンディーが入っている商品があります。これと同様に、1つの会社が発行している株式にいろいろとバラエティを持たせることができるようになっているのです。

改正前の商法でも、株式の内容に違いを持たせることは可能でしたが、会社法では、種類も増え、権利や義務の内容も整理されています。

一口に株主といっても、配当を期待するだけで、会社経営には興味がない人もいれば、利益の配当を受けることよりも、むしろ会社の経営に積極的に参加することを望む人もいるかもしれません。また、会社としては資金集めの手段として、株式の発行を柔軟に利用したいという要望もあります。

会社法では、利益の配当について優先的な扱いをする株式や、反対に利益の配当について劣後的な扱いを受ける株式を作ることができますし、議決権を制限した株式を発行することができるようになっていますので、会社の目指すかたちや、資金集めに適するように株式を組み合わせることができることになります。

なお、普通の株式を、上記のような内容を持った株式に変更するには、まずは定款変更の手続きを行うほか、株式の変更によって、不利益をこうむるような株主がいる場合には、その不利益をこうむる株主の承認が必要なものもあります。

キャッシュアウトとは

キャッシュアウトとは、ある者が、会社のすべての株式について、株主の個別の同意を得ることなく、金銭を対価として取得することをいいます。現行会社法には、キャッシュアウトの方法として、株式交換、株式併合、全部取得条項付種類株式の取得、略式株式交換、特別支配株主による株式等売渡請求があります。

一例として全部取得条項付種類株式の取得について説明すると、株式の一部が会社の経営に関心の薄い少数株主の手元にあることが、事業承継の障害になっているような場合に、会社法の手続きに則り、いったんすべての株式を会社が取得して、上記少数株主には、適正な対価を支払う、という利用方法が考えられます。

事業承継における会社法の活用例

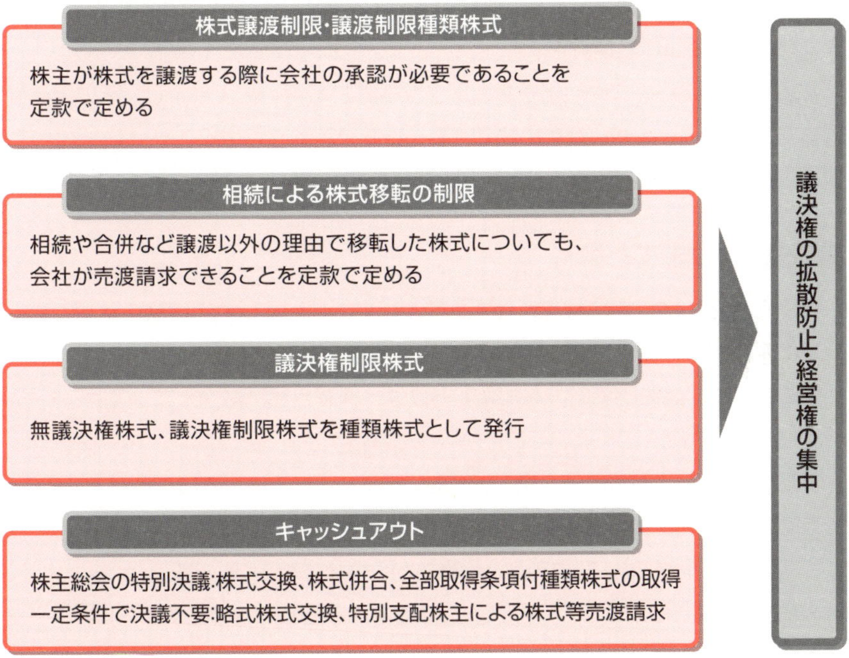

株式譲渡制限・譲渡制限種類株式
株主が株式を譲渡する際に会社の承認が必要であることを定款で定める

相続による株式移転の制限
相続や合併など譲渡以外の理由で移転した株式についても、会社が売渡請求できることを定款で定める

議決権制限株式
無議決権株式、議決権制限株式を種類株式として発行

キャッシュアウト
株主総会の特別決議:株式交換、株式併合、全部取得条項付種類株式の取得
一定条件で決議不要:略式株式交換、特別支配株主による株式等売渡請求

→ **議決権の拡散防止・経営権の集中**

5-5
種類株式にはどんな利用法があるか？
譲渡制限、議決権制限、拒否権付、取得条項付株式

会社法で、株式にバラエティを持たせることが可能になりましたが、実際に中小企業の事業承継ではどのように利用することができるのでしょうか。基本的な利用法を押さえれば、組み合わせることでさらに有効活用の途が広がります。

譲渡制限株式とは

株式の一部について、株式の譲渡をするには会社の承認を必要とする制限を設けることができ、このような制限がつけられた株式を**譲渡制限株式**といいます。

このような制限をつけることにより、株式が散逸して事業承継の障害となることを事前に防止することができます。

さらに譲渡制限株式は、相続などにより株式を取得した人に対し、その譲渡制限株式を株式会社に売り渡すよう請求できる旨を定款で定めることができるので、事後的にも株式を集約することが可能となります。

議決権制限株式とは

株主総会において議決権を行使することができない株式や、決議に参加できる事項に制限がある株式を**議決権制限株式**といいます。

このように、議決権に制限を加えておけば、株式自体は散逸しているとしても、経営権は集約させておくということが可能になります。

ただし、議決権に制限があるというのは、株主にとっては大きな不利益ですので、一方で利益配当については優先的な扱いとする配当優先株式とするなどの工夫をしてバランスをとれば、制限を受ける株主からの反発も少ないでしょう。

また、配当優先とすることにより、新たに株式を引き受けようとする人にはメリットがあるといえ、資金調達も容易になる可能性があります。

拒否権付株式とは

拒否権付株式とは、**黄金株**ともいわれ、あらかじめ定めた会社の重大事項については、拒否権付株主の承認がなければできないとするものです。

たとえば、親族や従業員などに対して事業承継はしたものの、まだ経営の手腕に不安が残る、というような場合には、重大事項については、前経営者がこの拒否権付株式を保有することで最後のかじ取りをする道を残しておくという方法が考えられます。

取得条項付株式とは

一定の事由が生じた場合には、会社がその株式を強制的に取得することができる株式は**取得条項付株式**と呼ばれます。

この一定の事由として、代表取締役の変更があったときなどを定めておけば、事業承継時に、株式を散逸させることなく集約させることができると考えられます。

そして、取得する場合に、対価として金銭を払うことも考えられますが、法律上は株式で払うことも可能とされていますので、たとえば議決権が制限されかつ優先配当である株式を、取得条項付株式取得の対価として交付すれば、資金面でも負担が少なくなることが期待できますし、取得される株主にとっても、配当が優先であるというメリットがあることによって、受け入れやすくなるのではないでしょうか。

種類株式の例

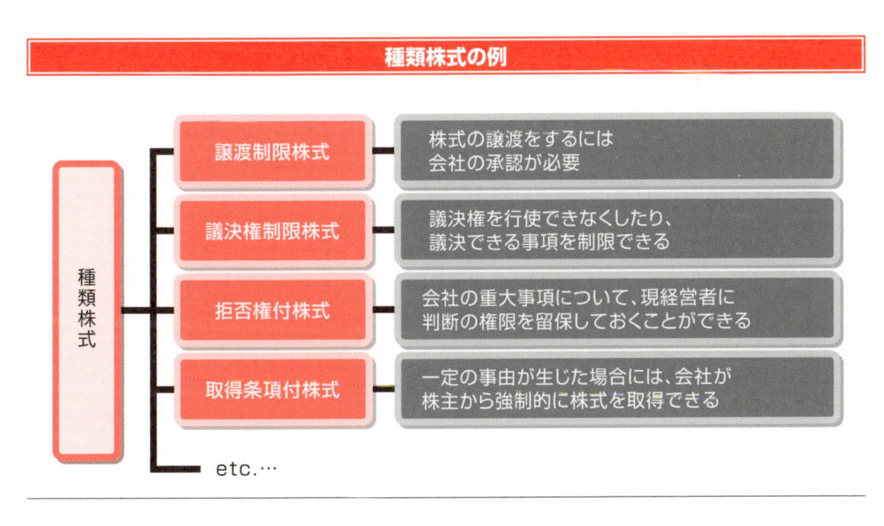

5-6 株式の分散を防止するには？

株式の譲渡制限と相続人に対する売渡請求

株式の分散を防止するためには、①現経営者に集中している株式を分散させないよう計画的に後継者に移転させること、②株式の譲渡制限や相続人に対する売渡請求を定款に定めておくことが有効です。

株式を集中して後継者に移転させるのがポイント

中小企業では、現経営者が株式の大半を所有していることが多いので、株式の分散防止は、現経営者が持っている株式をいかに集中して後継者に移転させるかがポイントとなります。

現経営者から後継者への株式移転の方法としては、①**現経営者の生前に譲渡（売却）する方法**、②**現経営者の生前に贈与する方法**、③**遺言により後継者に株式を相続させる方法**、④**遺言により贈与（遺贈）する方法**、⑤**信託を活用する方法**など、各種の方法が考えられます。

これらの方法にはそれぞれメリットとデメリットがありますが、後継者が正当な対価を支払って譲り受ける**①の方法**が、他の相続人や社内関係者との関係で、法律的にも心理的にも**最もトラブルの少ない方法**だといえます。②や④の方法による場合は、**後継者以外の相続人の心情や遺留分に留意**する必要があります。

定款による株式の譲渡制限

株主が株式の譲渡をする際には、会社の承認がいることを定款で定めておくと、株式の分散を防止するうえで一定の効果が期待できます。

ほとんどの中小企業では原始定款（会社設立時の定款）でこの譲渡制限を定めていると思いますが、まだ譲渡制限を設けていない会社が新たにこの制度を導入する場合には、**株主総会の特殊決議**（総株主の人数の半数以上かつ総株主の議決権の2/3以上の賛成で成立）が必要であり、反対する株主からの**株式の買取請求**にも応じなければならないなど、厳格な手続きをとらなければなりません。

株式の売渡請求

株式の譲渡制限を定款で定めていても、株主が亡くなった場合にその相続人が株主となることを防ぐことはできません。相続による株式の分散を防ぐためには、**定款を変更して、会社が株式を相続した人に対して、株式の売り渡し（売却）を請求できるようにしておく**必要があります。株式の譲渡制限と共に定款に定めておくと分散防止効果が高まります。

この制度を導入するための定款変更は、**株主総会の特別決議**（議決権を行使することができる株主の議決権の過半数を有する株主が出席し、出席した株主の議決権の2/3以上による賛成）によって行うことができますが、相続人に対して実際に株式の売り渡しを請求する場合には、そのつどまた特別決議をすることが必要です。なお、この制度を導入した会社では、後継者が株式を相続したときにも会社から相続した株式の売り渡しを請求される可能性があることに注意してください。

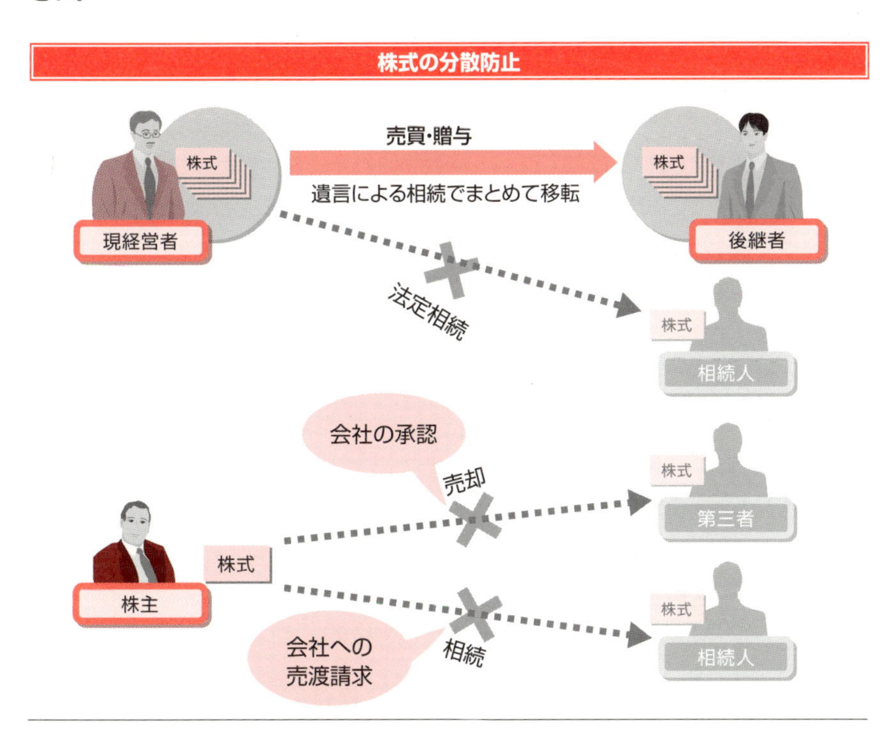

5-7 分散している株式を集中させるには？
株式の買い取りと新株の発行

分散している株式を後継者に集中させる方法としては、①後継者が他の株主から株式を買い取る方法、②会社が後継者以外の株主から株式を買い取る方法、③会社が新株を発行して後継者に割り当てる方法などがあります。

なぜ、株式の集中が必要なのか

株式は、株主総会での議決権行使を通じて会社経営を支配する力を持っています。中小企業において安定した経営を行うためには、**経営者が議決権の2/3**を、2/3が無理な場合でも、過半数は持っている必要があります。

後継者が他の株主から買い取る

後継者が、他の株主から株式を買い取るのが、分散している株式を後継者に集中させる最もオーソドックスな方法です。

株券が発行されている会社では、後継者が他の株主から株券の引き渡しを受けて株式を譲り受け、後継者が会社にその株券を提示して株主名簿の書き換えを請求します。株券が発行されていない会社では、他の株主と後継者との間で株式の譲渡契約をして、元の株主と後継者が共同で会社に株主名簿の書き換えを請求することになります。定款に**株式の譲渡制限***が設けられている会社は、その手続きも必要になります。

なお、前に説明したキャッシュアウト（5-4参照）の一方法として、**議決権の90%以上を有する特別支配株主**は、他の株主に対し、**強制的に株式の売り渡しを求めることのできる制度**も導入されました。

会社が後継者以外の株主から買い取る

後継者ではなく、**会社が、後継者以外の株主から株式を買い取る**ことも考えられます。会社が買い取った株式（**自己株式**）は、会社が所有している間は議決権

***株式の譲渡制限**　株式を譲渡する際には会社の承認を得なければならないという規定。

を行使することができなくなるので、**相対的に後継者の議決権割合が増加**することになります。会社が買い取った株式は、余裕のあるときに後継者などが買い取る（自己株式の募集を引き受ける）こともできますし、消滅させてしまう（株式の消却をする）こともできます。

会社が新株を発行して後継者だけに割り当てる

会社が新株を発行して、後継者だけに割り当てれば、後継者の持株比率が高まることになるので、このような方法をとることも考えられます。

分散させないようにすることが一番大切

株式を集中させる方法としては、以上のような方法が考えられますが、後継者や会社が株式を買い取る方法は、株式を売り渡す相手方が同意しなければ実行することはできません。また、会社が株式を買い取ったり、新株を発行したりする際には、**株主総会の特別決議**（総会に出席した株主の議決権の2/3以上による賛成）が必要なので、株式の多くが分散してしまっている場合にはやはりこれらの方法を使うことができません。

多くの中小企業では、現経営者に株式が集中しているはずですから、それを分散させないようにすることが最も重要なのです。

株式の集中

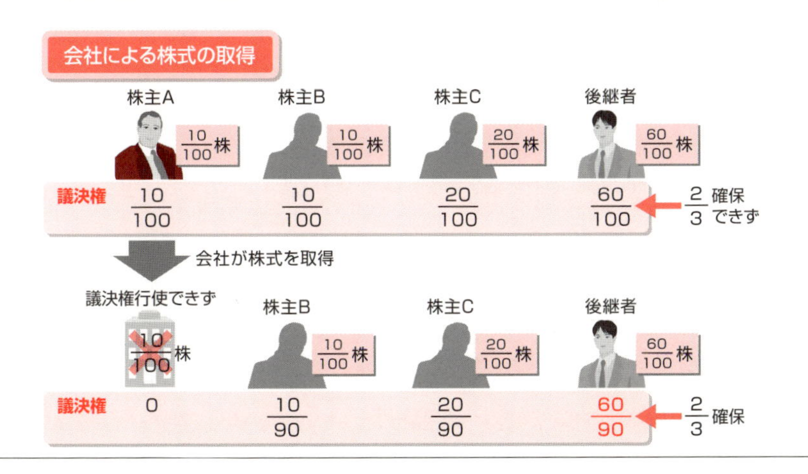

株主名簿を整備しよう！

会社法上、株式会社は、現在の株主を把握し管理するため、株主名簿を作成しなければならないこととされています。この株主名簿自体は存在したとしても、その内容が整備されている中小企業はまだまだ少ないのが現状です。

しかし、株主名簿を整備することは、実は事業承継にとっても非常に大切な作業の1つなのです。

後継者が安定した経営をできるようにするためには、2/3以上の議決権を持っている必要があるということは、前に説明しました（5-7参照)。

そこで、後継者に議決権を集中させるために、事業承継の際、後継者や会社が、後継者以外の株主から株式を買い取る必要が生じてくる場合があります。

そのときに、株主名簿が整備されていないと、現在誰がどれだけの株式を持っているのか、わからなくなってしまいます。それも、調べてすぐにわかればよいのですが、株主であるはずの者の中に、行方不明者や亡くなった方が混ざっていたりすると、途端に株式の集中のための手続きが困難になってしまいます。

たとえば、会社が行方不明株主の株式の買い取りをしようとする場合、継続して5年間、その株主に通知または催告が到達せず、剰余金の配当も受領していないことが必要なのです。

また、死亡した株主がいる場合、定款の定めによって、その株主の相続人から株式を買い取ることもできますが、それには、相続があったことを知った日から1年以内という期間制限があります。理論上は相続開始を知らなければ、知った日から1年以内は買い取れるわけですが、知った知らないの争いになる可能性もあり、株主の消息を把握していれば起こらなかった紛争が起きる可能性があります。

このように、会社としても、現在の株主の消息をきちんと把握しておく必要があり、そのためにも、株主名簿の整備が重要なのです。

第6章

税金面から見た事業承継の注意点

事業承継を実施する際には、相続税、所得税、贈与税などさまざまな種類の税金が発生し、現経営者や後継者は税負担を負わなければなりません。税金の問題を考えずに事業承継を実施してしまうと予想外の税負担の発生によって事業の継続に支障が出てしまうおそれもあり、事業承継には事前の税金問題の検討が不可欠です。この章では、事業承継の際に発生する税金の種類や税額の計算方法について基礎知識を確認したうえで、代表的な税金対策について紹介していきます。

6-1 事業承継の税金問題とは？
承継方法によって税金は大きく変わる

事業承継は相続税などの税負担の発生を伴うものであり、この税負担は事業承継の円滑化を阻害する大きな要因となっています。事業承継を考えるうえで税金対策の問題は避けて通ることができません。

税金対策は避けて通れない

事業承継の際に発生する税負担は、どのような承継方法を選択するかによって大きく異なるものです。税負担を考えずに事業承継を進めてしまうと突然高額の税負担が生じ、事業承継が行き詰まってしまうおそれもあります。早期に事業承継に取り組むことで、税負担を軽減することができる場合もあります。事業承継に際しては、**必ず早期に税金対策を考える必要**があります。

株価の把握は重要

とくに中小企業においては、自社株式の株価を算出したところ大幅に評価額が上昇しており、納税額が予想外に高額なものとなる可能性があります。

事業承継の計画立案時は、まず自社株式の評価額を把握して、納税額の目安をつけ、事業承継計画中に**納税資金の準備項目を入れる必要**があります。

その後も自社株式の評価額によっては事業承継計画の変更が必要となる場合もありますので、少なくとも株価の目安は常時把握していることが必要です。

事業承継の際に発生する税金

事業承継の際に比較的発生することが多い税金には、所得税、贈与税、相続税などがあります。発生する税金の納税時期に応じて計画的に納税資金を準備する必要があります。

①売買などによる事業承継

売買による事業承継がなされた場合、財産などを売却したときに生じる譲渡益に対して、**所得税が課税**されます。この所得税は、**現経営者に課税**されるものです。

②生前贈与による事業承継

生前贈与による事業承継がなされた場合、贈与の際に**贈与税が課税**されます。この贈与税は、**後継者に課税**されるものです。

③相続による事業承継

相続による事業承継がなされた場合、相続の際に**相続税が課税**されます。この相続税は、**後継者（相続人）に課税**されるものです。

④その他事業承継時に発生することがある税金

不動産の移転があれば**登録免許税***、**不動産取得税***などの課税があります。また、主に会社分割、事業譲渡などのM&Aによる事業承継の方法をとる場合、法人税、**法人事業税***の検討が必要です。承継方法によっては消費税が発生することもあります。

事業承継における税金

承継方法	発生する税金	誰に課税されるか
売買などによる事業承継	所得税	現経営者
生前贈与による事業承継	贈与税	後継者
相続による事業承継	相続税	後継者

***登録免許税**　不動産などの登記・登録をする際に課税される税金のこと。
***不動産取得税**　不動産を取得する際に課税される税金のこと。
***法人事業税**　法人が事業を行う際に課税される税金のこと。

6-2 売買などによる事業承継の税金

自社株式や事業用資産の売却には所得税が

自社株式や事業用資産を譲渡した場合は、現経営者の側に所得税が課税される場合があります。予想外の課税とならないよう、事前に課税額の目安をつけておくことが必要です。

現経営者の側に所得税が課税される

自社株式や事業用の不動産など価格が変動する財産については、財産の売却によって売主に利益（譲渡益）が発生する可能性があります。この**譲渡益に対してかかってくるのが所得税**です。所得税は、個人の所得に対する一般的な税金であり、譲渡益に対する課税は、所得のうちの譲渡所得という種類の所得に対する課税です。

この**譲渡所得税を負担するのは、現経営者**となります。

譲渡所得税の内容は、譲渡される財産の種類によって違いますが、ここでは課税額が大きくなることが多い株式の**譲渡所得税**の計算について説明します。

株式の譲渡所得税は、以下の計算式によって算出されます。

株式の譲渡所得税額＝{売却価格－（取得費＋売却にかかる手数料）}×税率

なお、税率は、株式などについては所得税と住民税を合わせて20%*です。給与所得などの場合のような**超過累進税率***は採用しておらず、譲渡益の大小にかかわらず税率は一定となります。

譲渡所得税額の目安はどれくらい？

中小企業において、現経営者が創業者である場合、計算式中の取得費は、会社法の制定による最低資本金制度撤廃前の最低資本金額の1000万円程度が多いと思われます。後継者への売買であれば、計算式中の手数料は、ほぼ発生しません。

＊**超過累進税率**　課税対象の金額が高額になるに伴い、金額にしたがって順次高率の税率を適用する方法。

現在の株式の時価が3000万円であり、この金額が計算式中の売却価格だとすると、株式の譲渡所得税などの額は、

{3000万円－（1000万円＋0円）}×20%*＝400万円

となります。

売買などによる事業承継のポイント

後継者への株式譲渡が時価に比べ著しく低い価格でなされた場合、株式の時価と後継者が負担した対価との差額分については、後継者が贈与を受けたものとみなされ、**贈与税**が発生してしまいます。売却価格の設定には注意が必要です。

譲渡所得税額の発生

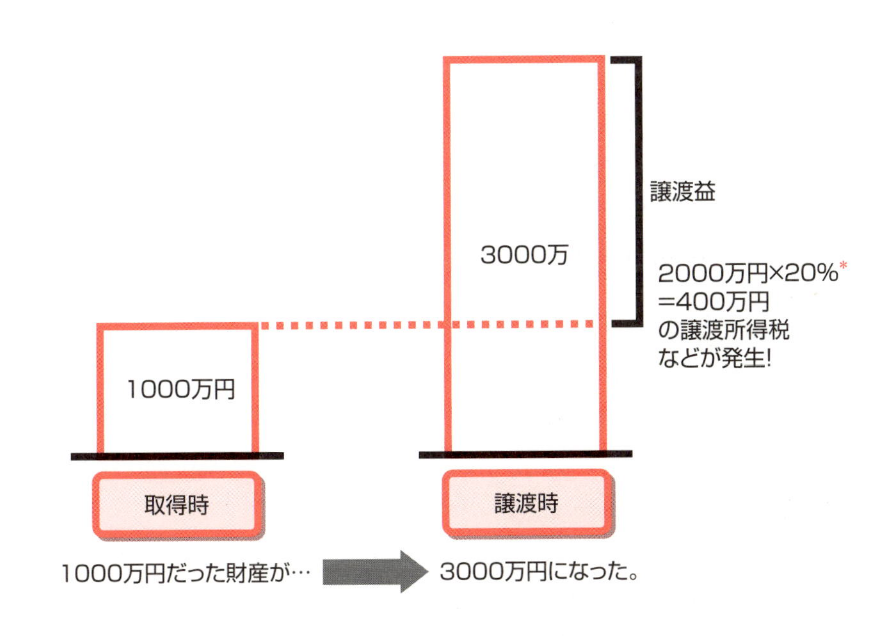

*20%　平成25年から平成49年までは、復興特別所得税として各年分の基準所得税額の2.1%を併せて納付することになります。

6-3 生前贈与による事業承継の税金

自社株式や事業用資産の贈与には贈与税が

自社株式や事業用資産を生前贈与した場合は、後継者の側に贈与税が課税されます。贈与税の負担は重くなりがちです。基礎控除額を上手に使って計画的な贈与を実施しましょう。

後継者の側に贈与税が課税される

贈与税は、贈与により財産を取得した場合にその取得した財産にかかる税金です。

贈与による事業承継の場合、この**贈与税を負担するのは、後継者**の側となります。

贈与税は、以下の計算式によって算出されます。

贈与税額＝（贈与価格－基礎控除額）×税率－控除額

贈与価格は、1月1日から12月31日までの1年間に贈与された価格の合計額です。贈与税の**基礎控除額***は**毎年110万円**です。また、贈与税の税率と控除額は、一般には図の一般贈与財産欄のとおりですが、贈与のあった年の1月1日時点で20歳以上の子や孫への贈与の場合は、図の特例贈与財産欄のとおりとなります。

贈与税の目安はどのくらい？

500万円相当の事業用財産を後継者に贈与する場合、基礎控除後の課税価格は、500万円－110万円＝390万円となります。

後継者が、現経営者の子で、贈与を受ける年の1月1日に20歳以上であれば、**特例贈与**となるため、贈与税額は次のとおりです。

（500万円－110万円）×15%－10万円＝48万5000円

後継者が、従業員や婿など、**特例贈与に当たらないとき**の贈与税額は、次のとおりです。

（500万円－110万円）×20%－25万円＝53万円

***基礎控除額**　その金額までは税金がかからないという金額のこと。

生前贈与による事業承継のポイント

①基礎控除額を利用する

基礎控除額の範囲内であれば、贈与税は発生しません。この基礎控除額は、毎年110万円が認められます。早い時期から計画的に贈与を行っていけば、それだけ多くの事業用財産を非課税で現経営者から後継者に移転させることが可能です。

②連年贈与の注意点

毎年一定額の贈与を行う旨の承継計画を立てると、計画立案時に定期的に贈与を受ける権利を取得したと認定され、一括課税されてしまう可能性があります。

これを避けるためには、生前贈与の計画が確定的なものではないことを明示したり、計画表記載の贈与価格を「～程度」など幅のある記載にしたりすることです。

③生前贈与と認定されないおそれがある

口約束だけで贈与を行い、証拠が何もない場合、生前贈与が否定されてしまうおそれがあります。正式な贈与契約書を作成したり、基礎控除額を多少超える贈与をして後継者が毎年贈与税の申告、納税を行うなど証拠を残すとよいでしょう。

贈与税（暦年課税制度の場合）の税率表

基礎控除後の課税価格		一般贈与財産		特例贈与財産※	
		税率	控除額	税率	控除額
	～200万円以下	10%	—	10%	—
200万円超	～300万円以下	15%	10万円	15%	10万円
300万円超	～400万円以下	20%	25万円		
400万円超	～600万円以下	30%	65万円	20%	30万円
600万円超	～1000万円以下	40%	125万円	30%	90万円
1000万円超	～1500万円以下	45%	175万円	40%	190万円
1500万円超	～3000万円以下	50%	250万円	45%	265万円
3000万円超	～4500万円以下	55%	400万円	50%	415万円
4500万円超				55%	640万円

※その年の1月1日時点で20歳以上の子や孫などへ贈与した財産

6-4 相続による事業承継の税金
納税額が高額になることもある

現経営者について相続が発生した場合は、後継者（相続人）に相続税が課税されます。相続税は負担軽減が図られているとはいえ、ときには高額になるので注意が必要です。

後継者に相続税が課税される

相続税は、人の死亡によって財産が移転する機会に、その財産について課される税金です。相続による事業承継の場合、この**相続税を負担するのは、後継者（相続人）**となります。

相続税は、以下の段階を踏んだ計算方法によって算出されます。

①課税価格の計算

（各相続人が取得した財産＋生命保険金＋死亡退職金）－（亡くなった人の債務＋葬式費用）＋（相続開始前3年以内に亡くなった人から贈与を受けた財産）＋（相続時精算課税制度（7-5参照）の適用を受けた贈与財産）＝課税価格

②課税遺産総額の計算

課税価格の合計－基礎控除額＝課税遺産総額

③法定相続分による各相続人の取得金額の計算

課税遺産総額×各人の法定相続分＝法定相続分による各相続人の取得金額

④1人分の相続税額の計算

法定相続分による各相続人の取得金額×税率＝相続税額

⑤相続税の総額の計算

各相続人の相続税額の合計＝相続税の総額

⑥各相続人の納付税額の計算

相続税の総額×実際の相続分割合＝各相続人の納付税額

相続税の基礎控除額は、3000万円＋600万円×**法定相続人***の人数です。相続税の税率は、超過累進税率が採用されており、右の表のとおりです。

***法定相続人**　遺言がない場合に民法の規定によって相続人となる人のこと。

相続による事業承継のポイント

①基礎控除額が大きい

相続税の場合、贈与税の場合よりも大きな基礎控除額が認められます。

②納税資金が多額になる可能性がある

相続の際には、現経営者が有していたほとんどすべての財産が承継の対象となるため、基礎控除額が大きいとはいえ、納税額がきわめて高額になることもあります。

③課税のタイミングがはかれない

相続税課税は、現経営者の死亡という事実の発生によって生じるものですから、課税のタイミングを予測することが困難です。納税資金の準備の途中に突然相続が発生してしまうことも決して珍しいことではありません。

相続税の税率表（相続の開始が2015年1月1日以降の場合）

法定相続分に応ずる取得金額	税率	控除額
1,000万円以下の金額	10%	―
3,000万円以下の金額	15%	50万円
5,000万円以下の金額	20%	200万円
1億円以下の金額	30%	700万円
2億円以下の金額	40%	1,700万円
3億円以下の金額	45%	2,700万円
6億円以下の金額	50%	4,200万円
6億円超の金額	55%	7,200万円

出典：中小企業庁「事業承継ハンドブック～これだけは知っておきたいポイント29問29答（平成23年度税制改正対応版）」（2011年11月）p.40をもとに一部改変して作成。相続の開始が2015年1月1日以降の場合。

6-5 現経営者からの借入金があるときは？ 相続人から借入金返済の請求をされるかも

会社に現経営者からの借入金がある場合は、そのままでは相続人から借入金返済の請求をされるかもしれません。現経営者の生前に借入金を免除することもできますが、免除益に対する課税など税金関係に注意が必要です。

現経営者からの借入金とは？

中小企業の決算書などを見ると、借入金の欄に現経営者の名前と借り入れ金額を発見することがあります。

中小企業の場合は、ほとんど実態は現経営者の個人企業だったり、銀行からの借り入れが十分にできなかったり、支払う税金を少なくするという理由から、現経営者から会社に対して多額の**貸付金**が存在する場合があるのです。これが**現経営者からの借入金**です。

借入金を放っておくとどうなる？

この借入金は現経営者個人の財産ですので、相続が発生すると、相続の対象となって、相続人らに引き継ぎがれます。

特に会社の後継者と相続人が異なる場合など、会社と無関係な**相続人から、会社に対して突然、借入金の返済が請求される**ことも起こり得ます。会社は、現経営者の生前は、借入金と帳簿に記載していても、現経営者が請求することはないと考えているでしょうが、相続が発生してしまうと、そのような個人的な事情は考慮されなくなり、支払い時期が来れば請求されるおそれがあります。

また、中小企業の場合は会社と個人の財産とが事実上明確に区別されていないため、個人の財産である預金が資金繰りに組み込まれている場合もあります。

何の手当てもしないまま相続が発生すると、銀行は個人の預金については封鎖してしまい、会社はその預金を使えなくなり、資金繰りに重大な影響を与えることになります。場合により黒字倒産ということにもなりかねませんので、そのような事態は回避しなければなりません。

借入金への対策は？

現経営者からの借入金については、借入金の実体がなければ、税理士と相談して帳簿から消すべきでしょう。

実際は借入金の実体がなかったとしても、帳簿に記載のある以上、紛争になる可能性はありますし、仮に裁判になったとしても、借入金の実体がないという主張がそのまま認められる保証はありません。銀行に対してよい報告をするために、粉飾決算をしている場合もありますので、念のため調べてみてください。

借入金の実体がある場合には、現経営者が生存中は、会社に余裕があれば借入金の返済をしてもよいでしょう。会社に余裕がなく欠損が生じているような場合は、免除することも考えてもよいでしょう。

ただし、免除する場合は、免除益といって場合により会社に利益があるとみなされ、免除の結果税金が課されることもありますので、会社に対して免除する際は税理士と相談することが必要です。

現経営者からの借入金の問題

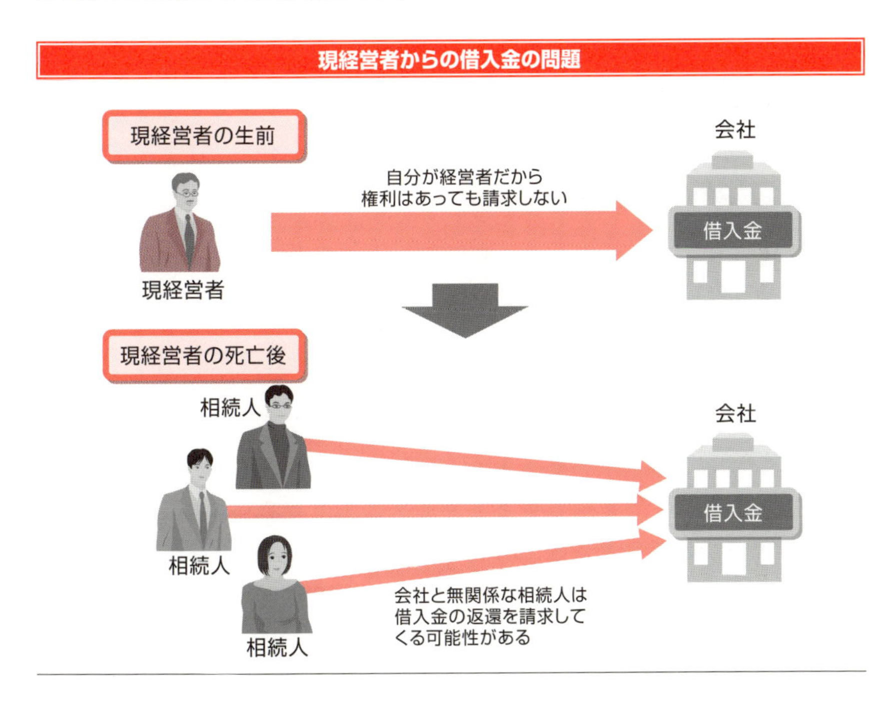

6-6 税金面から見た事業承継対策
後継者のために納税資金の準備を

事業承継の税金の主な問題点は、後継者が税負担に耐えられずに事業承継が失敗してしまうことがある点にあります。事業承継には、後継者のための税負担対策が必要です。

問題は過大な税負担と後継者の資金不足

事業承継の税金問題の根本は、次の2点にあります。

①承継が必要な財産が高額である場合は**高額な税金を一括納付する必要**がある

②**後継者は資力に乏しい**ことが多く、十分な納税資金を準備できない

この2つの問題が重なり、場合によっては、後継者が納税資金をねん出するため、せっかく承継した事業用財産を売却せざるを得ないというおそれが生じるのです。

上記2つの問題点に対応するためには、税負担を軽減することや、十分な納税資金を準備することが有効です。いずれも一朝一夕に実現できる対策ではないので、早い段階から計画的に対策を実施していくことが重要です。

後継者の税負担を軽減するには

事業承継に伴う税負担の大小は、主に承継対象財産の評価額の高低によって決まってきますので、税負担を軽減するための最も直接的な方法は、財産の評価額を下げることです。

対策を施すべき財産の代表は自社株式です。そこで、財産の評価額を下げるための対策としては、もっぱら**自社株式対策**について説明します。

どうやって納税資金を準備するか

すぐに思いつく対策としては、後継者に承継に備えて計画的な貯蓄を実施してもらうことです。後継者自身が納税資金の準備を意識して資金形成の努力をすることは必要ですので、これは重要な対策の1つです。

しかし、事業承継にはきわめて多額の納税資金が必要となるケースも珍しくなく、このようなケースの際は後継者自身の努力だけでは対応が間に合いません。

後継者に比べれば資力を持っていることが多い現経営者の側でも、納税資金の準備に必要な対策を検討することは不可欠です。

納税資金の準備に必要な対策としては、次のようなものが考えられます。

①**現預金または現金化が容易な財産を後継者に贈与すること**。

②相続による事業承継の場合は**延納**＊や**物納**＊の利用を考慮に入れ、延納や物納を見越した**事業承継計画**を立案すること。

いずれも後継者単独では実施できない対策ですので、事前に現経営者と後継者が十分な打ち合わせを行うことが必要です。

なぜ税金対策が必要なのか

税負担

・高額な税金を一括納付する必要
・後継者は資力に乏しい

後継者

後継者の負担を軽減するために税金対策が必要

＊**延納**　相続税を金銭で分割納付すること。
＊**物納**　金銭の代わりに物を納付すること。

6-7
自社の株価を算出する
自社株式の株価対策①

株価対策の第一歩は、自社株式の株価の把握です。株価の大まかな目安は会社の財務状況を把握していれば算出可能ですが、今後の対策の基礎資料となるものなので、できるかぎり専門家に相談しましょう。

まずは株価の把握

現在の自社株式の評価額がわからなければ、そもそも自社株式対策が必要かどうかもわかりません。

自社株式対策の第一歩は、自社株式の株価の把握です。

株式の評価方法は？

上場株式のように取引相場がある株式は、取引相場を見れば株価を把握することが可能です。

しかし、中小企業の場合、そもそも株式の譲渡が予定されていないのが通常であり、取引相場がありません。このような取引相場のない株式の評価については、複数の評価方法があります。

ここでは、中小企業の株式評価に使われることが比較的多い**純資産価額方式**による計算方法を紹介します。

ただ、使用可能な評価方法はケースによって異なりますし、評価方法による有利不利も出てきますので、株価算出についてはできるかぎり専門家に相談しましょう。

純資産価額方式とは？

小規模な会社において、株式を取得する人が親族などの同族株主である場合に利用される株式の評価方法に、純資産価額方式による計算方法があります。

純資産価額方式は、簡単にいえば、会社のプラスの財産の価格を、会社が発行している株式数で割って、1株当たりの価値を算出する計算方法です。

計算式は、次のとおりとなります。

1株当たりの純資産価額＝（相続税評価額による総資産価額－負債の合計額－評価差額の法人税額等相当額）÷発行済株式数

なお、計算式中の「評価差額の法人税額等相当額」は、「**相続税評価額による純資産価額」から「帳簿価格による純資産価額」を控除した残額の38%に相当する額**ですが、これがマイナスとなる場合は、0で計算します。

類似業種比準方式と配当還元方式

類似業種の株価と比べることによって株価を算出する**類似業種比準方式**や、株式の配当率から逆算して株価を算出する**配当還元方式**などがあります。

どの評価方法をとるかによって、とるべき株価対策も異なってくるため、注意が必要です。

純資産価額方式のイメージ

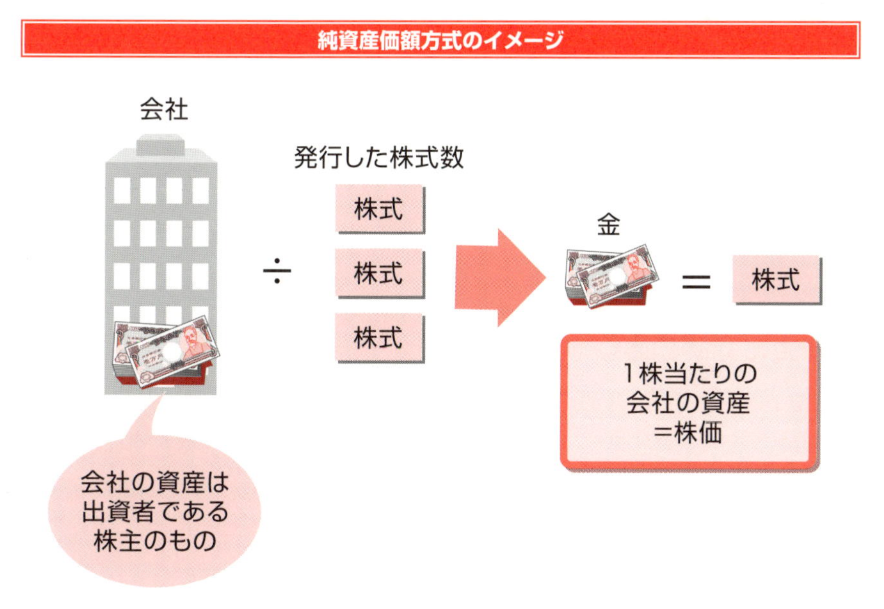

＊**相続税評価額**　相続税などを算出する際の基準となる価格のこと。
＊**帳簿価格**　帳簿（貸借対照表）に記載されている価格のこと。

6-8
効果的に赤字を出す
自社株式の株価対策②

自社株式の評価額が予想外に高額であった場合は、評価額の引き下げを考える必要があるかもしれません。株価の引き下げの方法は、効果的に赤字を出すことです。ここでは役員退職金の設定による方法を紹介します。

株価を下げるには？

中小企業の場合に多く用いられる**純資産価額方式**によれば、株価は会社の純資産の価格をもとに算出されます。そうすると、会社の純資産を減らせば、その分株価は下がるのです。

純資産を減らすには？

実質的な赤字を出し続ければ、会社の純資産は当然減少していきます。

しかし、実質的な赤字を出す方法では、会社財産の流出により、事業の継続自体に影響が生じてしまうかもしれません。事業承継対策として会社の純資産を減らす場合は、赤字は赤字でも**帳簿上の赤字**を出すべきなのです。

帳簿上の赤字の出し方は？

帳簿上の赤字を出すためには、会社または現経営者の手元に財産を留保しながら、会社に損失を計上することです。このような損失計上の方法は、回収不能な売掛金の損失処理などいくつか知られていますが、ここではやや応用的な例として、**役員退職金**の設定による方法を紹介します。

なぜ役員退職金か

現経営者の退職時に、会社から現経営者に対して支出される金銭が、役員退職金です。現経営者の会社の対する功績が大きい場合には、高額な役員退職金を設定することも可能です。

このように、役員退職金の設定によって、現経営者の手元に財産を留保しながら、会社に高額の損失を計上することができるのです。

①役員退職金の設定の方法

役員退職金を適正に支給するためには、退職金の算出基準を明確にするため、事前に役員退職慰労金規程を作成しておくべきです。そのうえで、実際に支給を受ける場合には、役員退職慰労金規程に基づき算出した金額について、役員退職金として支給する旨の株主総会決議が必要となります。

②設定金額の目安は？

役員退職金の目安は、以下の計算式で求めるのが一般的です。なお、功績倍率は、社長、会長の場合で3.0倍程度が目安となります。

役員退職金＝退職時の役員報酬月額* ×役員在任年数×功績倍率

役員退職金額が過大である場合は、会社の損失として計上することが認められなくなるおそれがあるため、金額設定には注意が必要です。

効果的な赤字の出し方

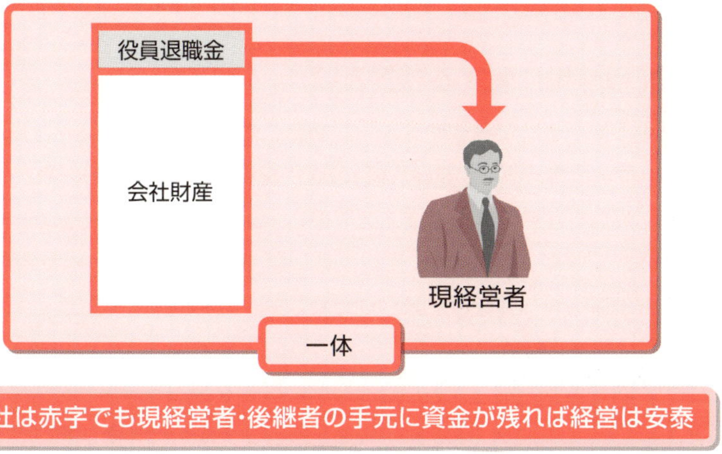

***役員報酬**　月額1か月当たりの役員報酬額のこと。

6-9 事業承継を支援する税制措置

円滑な事業承継のために税制措置を利用しよう

事業承継を支援するための税制措置として、自社株式に関する相続税や贈与税の納税猶予制度、みなし配当課税に関する特例や小規模宅地等の課税の特例などがあります。

事業承継を支援する税制措置

円滑な事業承継を支援するため、相続税や贈与税、所得税などに、次のような特例が設けられています。

①非上場株式などに関する相続税の納税猶予制度

②非上場株式などに関する贈与税の納税猶予制度

③所得税におけるみなし配当課税に関する特例

④相続税における小規模宅地等の課税の特例

これらのうち、株式の承継に関する納税猶予制度（上記①②）については、要件や手続きがやや複雑なので、第7章で詳しく説明します。

みなし配当課税に関する特例とは

個人株主が発行会社に株式を売却した場合、会社の買い取り価格と資本金などとの差額は配当所得とみなされ、**所得税の総合課税（累進課税）の対象**となります。

しかし、相続や遺贈で非上場株式を取得し相続税を課税された人が、その株式を相続税申告期限から3年以内に発行会社に譲渡する場合は、一定の手続きを経ることで譲渡益に対する譲渡益課税（分離課税）が適用されます。これが、**みなし配当課税に関する特例**です。

相続税の納税資金を調達するため、会社に株式を譲渡する場合にこの特例を使うことが考えられますが、後継者が株式を譲渡する場合は、議決権割合の維持にも気を配る必要があります。

小規模宅地等の課税の特例とは

中小企業では、工場などの事業用建物の敷地が、現経営者個人の所有となっていることも珍しくありません。

会社の事業のために使われている土地を、後継者が相続や遺贈で取得した場合に、その土地に関して後継者が多額の相続税を課せられることになると、後継者の事業継続にとって障害になることがあります。

そこで、**小規模宅地等の課税の特例**を使うことで、会社の事業に使われていた土地（特定同族会社事業用宅地）などについては、一定の要件を満たせば、特例として400㎡を限度として課税価格の80%が減額して評価されます。

この小規模宅地等の課税特例は、事業用宅地などだけでなく、現経営者の居住用宅地などについても、一定の要件のもとで認められます。

小規模宅地等の課税の特例

<table>
<tr><th colspan="3">相続開始の直前における宅地等の利用区分</th><th colspan="2">要件</th><th>限度面積</th><th>減額される割合</th></tr>
<tr><td rowspan="5">被相続人等の事業の用に供されていた宅地等</td><td colspan="2">貸付事業以外の事業用の宅地等</td><td>①</td><td>特定事業用宅地等に該当する宅地等</td><td>400㎡</td><td>80%</td></tr>
<tr><td rowspan="4">貸付事業用の宅地等</td><td rowspan="2">一定の法人に貸し付けられ、その法人の事業(貸付事業を除く)用の宅地等</td><td>②</td><td>特定同族会社事業用宅地等に該当する宅地等</td><td>400㎡</td><td>80%</td></tr>
<tr><td>③</td><td>貸付事業用宅地等に該当する宅地等</td><td>200㎡</td><td>50%</td></tr>
<tr><td>一定の法人に貸し付けられ、その法人の貸付事業用の宅地等</td><td>④</td><td>貸付事業用宅地等に該当する宅地等</td><td>200㎡</td><td>50%</td></tr>
<tr><td>被相続人等の貸付事業用の宅地等</td><td>⑤</td><td>貸付事業用宅地等に該当する宅地等</td><td>200㎡</td><td>50%</td></tr>
<tr><td colspan="3">被相続人等の居住の用に供されていた宅地等</td><td>⑥</td><td>特定居住用宅地等に該当する宅地等</td><td>330㎡</td><td>80%</td></tr>
</table>

(注)特例の適用を選択する宅地等が以下のいずれに該当するかに応じて、限度面積を判定します。

1　特定事業用等宅地等(①又は②)を選択する場合又は特定居住用宅地等(⑥)を選択する場合
(①＋②)≦400であること。また、⑥≦330であること。

2　貸付事業用宅地等(③、④又は⑤)及びそれ以外の宅地等(①、②又は⑥)を選択する場合
(①＋②)×200/400＋⑥×200/330 ＋(③＋④＋⑤)≦200であること。

出典：国税庁HP　http://www.nta.go.jp/taxanswer/sozoku/4124.htmより（相続の開始の日が平成27年1月1日以後の場合）

6-10
税金面から事業承継方法を比較する
どの方法にすれば税負担が軽くなるか

事業承継にはさまざまな税金が発生します。どの事業承継方法を選択すれば税負担が軽くなるかという判断は容易ではありませんが、その方法で発生する税負担を比較して最も適当な承継方法を探しましょう。

税負担を比較する

事業承継を進めていくと、さまざまな税金が発生します。ある税金の負担を選択するのが有利であるか不利であるかは、他の税金負担の場合との比較で判断するしかありません。ここでは代表的な税金として、**譲渡所得税**、**贈与税**、**相続税**について、①誰が負担するか、②いつ発生するか、③基礎控除の有無、④税率を比較してみましょう。

譲渡所得税

①現経営者が税金を負担します。

②税金は譲渡がなされたときに発生します（現経営者の生前）。

③基礎控除はありません。

④事業承継で問題となることが多い不動産や自社株式の場合、税率は一定です。たとえば自社株式の譲渡の場合の税率は、譲渡益の大小にかかわらず、住民税と所得税を合わせて20%*です。

贈与税（暦年課税制度）

①後継者が税金を負担します。

②税金は贈与がなされたときに発生します（現経営者の生前）。

③毎年110万円の**基礎控除額**が認められます。

④超過累進税率が採用されています。

***20%**　平成25年から平成49年までは、復興特別所得税として各年分の基準所得税額の2.1%を併せて納付することになる。

相続税

①後継者（相続人）が税金を負担します。

②税金は相続のときに発生します（現経営者の死後）。

③3000万円+600万円×法定相続人分の基礎控除額が認められます。

④超過累進税率が採用されています。法定相続分に応じた取得金額が6億円を超える部分については最高税率の55%が適用されます。

税負担が軽い承継方法は？

後継者が対価の支払いが可能であれば、後継者の税負担がなく、税率が一定の譲渡所得は利用価値があります。ただ現実には後継者が対価を用意するのは簡単ではありません。

後継者に資力がない場合は、基礎控除額が認められる贈与税、相続税は魅力的です。後継者の税負担を考えるかぎりは、贈与税の基礎控除額を利用しつつ、まとまった財産は相続によって承継するという方法が最も適当かもしれません。また、後継者が5年間以上事業を継続する予定であれば、第7章で説明する、相続税や贈与税の納税猶予制度を利用するのもよいでしょう。

ただし、事業承継の問題は税金の問題だけで判断できるものではありません。税負担の軽重は、事業承継方法の選択の1つの参考資料としてください。

税負担の比較

	誰が負担するか	いつ発生するか	基礎控除の有無	税率
譲渡所得税	現経営者	現経営者の生前	なし	20% （自社株式の場合）
贈与税	後継者	現経営者の生前	毎年 110 万円	最大 55% （超過累進税率）
相続税	後継者（相続人）	現経営者の死亡後	3000 万円+ 600 万円×法定相続人の人数	最大 55% （超過累進税率）

養子縁組による節税？

相続税の基礎控除額は、3000万円＋600万円×法定相続人の人数という計算式により算出されます。この計算式からもわかるように、法定相続人の人数が多くなれば、その分基礎控除額が増加し、相続税負担は減少します。

養子も法定相続人になりますので、養子縁組によって法定相続人を増やすことにより基礎控除額を増やすという相続税対策が勧められることがあります。

また、相続税は、遺産総額を各相続人の法定相続分に応じて割った金額に税率をかけて税額を算出するので、養子縁組により相続人の人数が増えれば、各相続人へ配分される金額は減少し、その分低い税率が適用される可能性があります。

しかし、基礎控除の計算の際に算入できる養子は1人（実子がいない場合には2人）に制限されているので注意が必要です。

また、遺産の額がもともと大きいようであれば、基礎控除が600万円増えることに大きな節税効果がない場合もあります。

さらに、養子縁組をして法定相続人の人数が増えるということは、その分相続発生時の利害関係人が増えるということです。養子も遺留分を持っていますし、遺産分割協議の際には、養子も含めた相続人全員の合意が必要です。相続人の中に養子縁組に反対の人がいた場合は、相続時の話し合いが紛糾することは目に見えています。

このように、親族関係の複雑化の問題を考えると、安易な養子縁組の利用は控えるべきです。

もっとも、たとえば、現経営者の孫が後継者で、現経営者の子（後継者の親）も孫を後継者とすることに賛成しているような例外的な場合には、相続による事業承継を円滑に進めるため、現経営者と後継者たる孫が養子縁組を行い、本来相続人ではない孫を相続人とすることを検討してもよいでしょう。

第7章

事業承継税制の知識

事業承継を考える際には、税金対策も避けては通れません。

そこで、事業承継税制の利用も検討するとよいでしょう。

現行の事業承継税制には、一般措置（一般事業承継税制）と特例措置（特例事業承継税制）がありますが、特に、特例事業承継税制は、贈与税や相続税について、100％の納税猶予が可能であり、事業の承継という大切な時期に、企業や企業の後継者が、現金負担を避けることができるという意味において、非常にありがたい内容になっています。

特例事業承継税制は、平成30年度税制改正によって導入された制度であり、10年間の時限立法になっているので、利用するためには、早めに計画することが必要です。

7-1 一般事業承継税制
相続税や贈与税の猶予制度を活用する

相続や贈与によって後継者が自社株式を取得する場合に問題になるのが、相続税や贈与税です。各納税猶予制度を上手に利用すれば、初代から2代目、2代目から3代目への株式承継で納税猶予を受けることも可能です。

事業承継税制とは

事業承継税制とは、事業の後継者が、経営承継円滑化法の認定を受けている非上場会社の株式などを、贈与または相続などによって取得した場合において、その非上場株式などに係る贈与税、相続税について、一定の要件の下、納税が猶予されたり、後継者の死亡などによって贈与税、相続税の納付が免除されたりする制度です。

これには、一般措置（**一般事業承継税制**）が存在するほか、平成30年度の税制改正において、10年間に限った特例措置（**特例事業承継税制**）が導入されました（7-2以下参照）。ここではまず一般事業承継税制について説明します。

一般事業承継税制における納税猶予制度

一般事業承継税制における相続税や贈与税の**納税猶予制度**とは、後継者が自社株式を現経営者から相続や贈与などによって取得し、その会社を経営していく場合に、後継者が取得する株式のうち会社の**株式総数の2/3まで**の部分について*、**課税価格の80%**に対応する相続税や贈与税の納税が猶予されるものです。

納税猶予制度を利用するためには、**都道府県知事**から、**経営承継円滑化法**の認定を受けたうえで、税務署に対して、納税猶予制度の利用を申告する必要があります（7-6参照）。そして、申告後も引き続き納税猶予制度の適用を受けた株式を保有することなどにより、納税の猶予が継続されます。

贈与税については贈与者である先代経営者が死亡した場合は免除になり、相続税が発生することになりますが、経営承継円滑化法の認定を受けることで、相続

---

*…**について**　議決権に制限のない非上場株式などのみが対象です。

税の納税猶予・免除制度の適用を受けることができます。

事業継続期間（5年）後は免除されることも

　事業継続期間経過後も、3年ごとに届出をするなどの手続きは必要ですが、納税猶予の対象となった株式を継続保有していれば、納税猶予も継続されます。

　また、後継者が亡くなった場合や、後継者（2代目）が次の後継者（3代目）に対象株式を贈与し、次の後継者（3代目）が贈与税の納税猶予制度を利用した場合など、一定の場合には、納税猶予されていた後継者（2代目）の納めるべき相続税や贈与税の一部または全部が免除される手続きもあります。

事業承継税制の適用の流れ（イメージ）

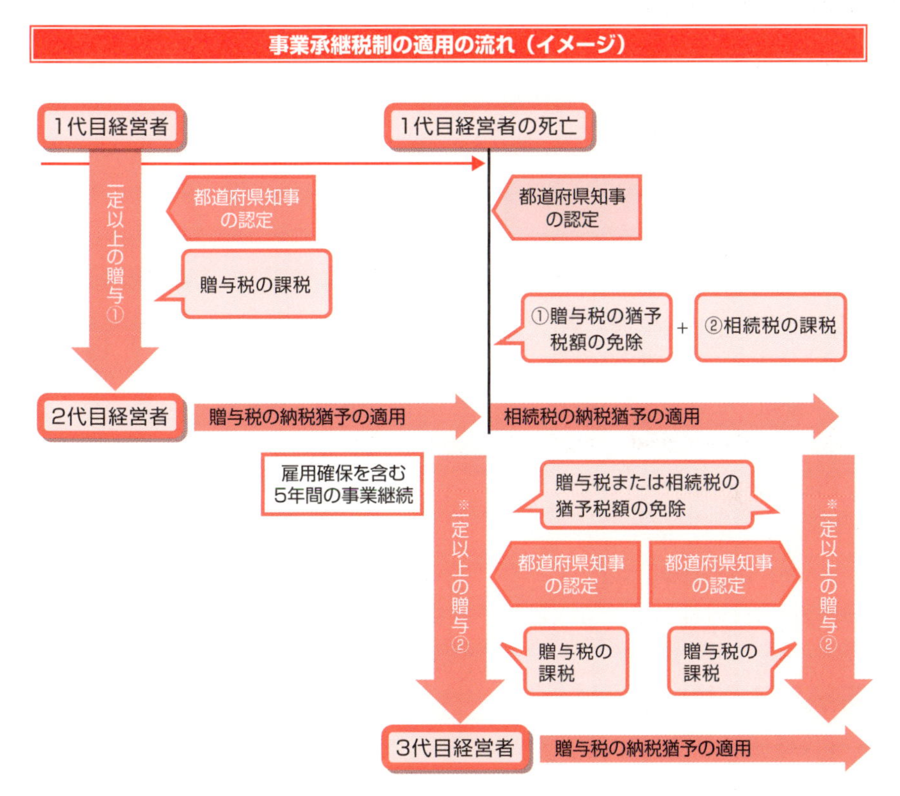

※一定以上の贈与②　2代目経営者から3代目経営者への一定以上の贈与は、1代目経営者の生前か死後のいずれかとなります。

出典：中小企業庁「事業承継ハンドブック～これだけは知っておきたいポイント29問29答（平成23年税制改正対応版）」（2011年11月）P.53を基に一部改変

7-2 特例事業承継税制

10年の時限立法、特例承継計画提出でメリット増大

特例事業承継税制は、中小企業の経営者の高齢化が急速に進展する中で、集中的な代替わりを促すために、一般事業承継税制のリスクや不便さを解消した制度であり、10年限りのお得な内容となっています。

特例事業承継税制とは

平成30年度税制改正では、一般事業承継税制に加え、10年間（**2018年1月1日から2027年12月31日まで**）の特例措置として、納税猶予の対象となる非上場株式などの制限（総株式数の最大2/3まで）の撤廃による**全株式についての納税猶予**や、**納税猶予割合の引き上げ**（80%から100%）などを内容とする、**特例事業承継税制**が創設されました。

特例事業承継税制も、経営承継円滑化法の認定と、税務署への納税猶予制度の利用の申告に基づく納税の猶予制度であり、基本的な枠組みは一般事業承継税制と同じですが、その内容としては、**特例承継計画**を提出することで、一般事業承継税制に比べて大きくお得になるものとなっています。特例事業承継税制の導入前の、平成29年度における事業承継税制の認定件数が、平成27年以降年間平均400件程度であったのに対し、特例事業承継税制が導入された平成30年度は、認定件数についてはまだ明らかにされていませんが、昨年12月の時点において、申請件数が**4000件**に迫る勢いとなっていました*。これは、特例事業承継税制が、一般事業承継税制に比べ、使いやすく、お得になったからであるといえるでしょう。

何がお得になったのか

事業承継税制の利用が伸びている背景として、特例事業承継税制には、特例承継計画の提出により、①**対象株式数と猶予割合の拡大**、②**承継パターンの拡大**、③**雇用維持要件の弾力化**、④**新たな減免制度の創設**、⑤**相続時精算課税制度の適用拡大**という5つのメリットがあることが挙げられます。

---

*…**となっていました**　中小企業庁公開資料「平成31年度（2019年度）中小企業・小規模事業者関係　税制改正について」1頁。なお、東京都の特例承継計画の確認件数は平成30年12月28日時点で201件、認定件数は64件となっています（東京都産業労働局HP http://www.sangyo-rodo.metro.tokyo.jp/chushou/shoko/keiei/jigyoshokeizeisei/）。

それぞれのメリットの詳しい内容については、次節（7-3）以下で順番に解説しますが、事業承継という企業にとって大切な時期に、後継者が納税負担を最大限避けられるように、特例事業承継税制の利用を検討してみてください。

特例事業承継税制の利用について、特例事業承継税制は**10年限りの時限立法**であり、原則として特例承継計画を2023年3月31日までに提出する必要があるほか、実際の承継を2027年12月31日までに行う必要があるため、早めに検討し、準備・計画することが必要です。

特例事業承継税制と一般事業承継税制を比べてみよう！

	特例事業承継税制	一般事業承継税制
適用期限	10年以内の贈与・相続など （2017年12月31日まで）	なし
事前計画	5年以内の特例承継計画提出※1 （2023年3月31日まで）	不要
対象株式数	全株式※2	総株式数の最大2/3まで※2
納税猶予割合	100%	贈与：100% 相続：80%
承継パターン	複数の株主から最大3人の後継者	複数の株主から1人の後継者
雇用維持要件	右の雇用維持要件を満たせなくても報告書の提出で猶予継続	承継後5年間平均8割の雇用維持を満たせなければ納税が必要
新たな減免制度	あり	なし（猶予税額を納付）
相続時精算課税	60歳以上の者から20歳以上の者への贈与	60歳以上の者から20歳以上の推定相続人・孫への贈与

※1 2023年3月31日までの贈与については贈与後に特例承継計画を提出することも可能

※2 議決権の制限のない株式に限る

7-3
特例承継計画提出のメリット①②
①対象株式数と猶予割合の拡大、②承継パターンの拡大

特例事業承継税制では、後継者の承継時の現金負担がゼロにされています。また、複数の株主から最大3人の後継者への承継が認められるようになっており、会社ごとに様々な承継パターンに対応できるようになっています。

①対象株式数と猶予割合の拡大

一般事業承継税制においては、納税猶予は総株式の2/3が対象で、しかも猶予割合は80%とされており、実際に猶予される額は全体の約53%に留まっていました。そのため、承継時後継者が納付すべき贈与税、相続税の現金負担がそれなりに大きく、制度利用の魅力は今一つでした。

しかし、特例事業承継税制においては、**全株式について100%猶予**することとされ、**承継時の現金負担がゼロ**になっています。これによって、後継者は納税資金確保の不安から解放されることになりました。

なお、特例承継税制の場合も、全株式を必ず贈与しなければならないわけではなく、何らかの事情で先代経営者が経営に参画し続ける必要がある場合などは、経営判断により、先代経営者が一部の株式を保持し続けることは可能です。もっともその場合、贈与しなかった部分については、後で特例承継税制による贈与税の納税猶予を受けることはできません*。

②承継パターンの拡大

これまでは、経営者である1人の株主から1人の後継者への承継のみが納税猶予の対象とされていましたが、平成30年度の税制改正では、一般事業承継税制において、複数の株主から1人の後継者への承継が認められるようになり、さらに、特例事業承継税制においては、経営者を含む**複数の株主から最大3人の後継者への承継**が認められるようになりました。これによって、それぞれの中小企業経営の実情に合わせた、多様な事業承継に対応できるようになっています。

---

*…**できません**　数年で相続が発生するなど、一定の場合には相続税の特例猶予を受けられる可能性はあります。

複数の株主から承継する場合において、時間差がある場合でも、その贈与、相続などが、納税猶予開始後5年以内に行われた場合には、事業承継税制の適用対象になります。

また、複数人が承継する場合は、各後継者が代表権を有し、かつ、各人が議決権割合の10%以上を保有し、議決権保有割合の上位3位までの同族関係者である必要があります。

さらに、平成31年度の税制改正においては、贈与税の納税猶予の場合、事業承継税制全体として、現行20歳以上という年齢制限を、2022年4月1日以降の贈与について、18歳以上に引き下げることが予定されています。

新しい承継パターン（イメージ）

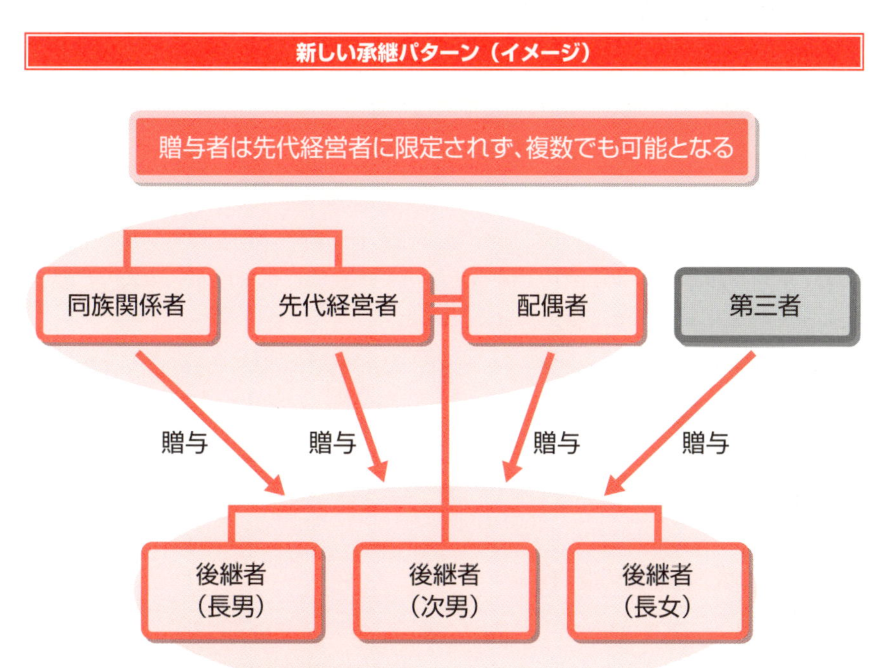

複数の後継者（最大3人）が対象となる
※代表権を有しているものに限る
※複数人で承継する場合、議決権割合の10%以上を有し、かつ、議決権保有割合上位3位までの同族関係者に限る。
※贈与者の数は、一般事業承継税制でも複数で可能となる。

出典：経済産業省「平成30年度　経済産業関係　税制改正について」（平成29年12月）P.24を基に一部改変

7-4 特例承継計画提出のメリット③④
③雇用維持要件の弾力化、④新たな減免制度の創設

特例事業承継税制では、厳しい雇用要件が実質的に撤廃され、さらに、経営状況が悪化した場合に後継者が過大な納税負担を負うことがないよう、新たな減免制度が創設されています。

③雇用維持要件の弾力化

一般事業承継税制においては、納税猶予を継続するためには、承継後5年間平均8割の雇用維持が必要という厳しい**雇用維持要件**が課されており、制度の利用がためらわれる大きな原因になっていました。

特例事業承継税制下では、雇用維持要件を満たせなかった場合でも、猶予は継続可能とされています。その際、雇用維持要件を下回った理由などを記載した報告書*を都道府県知事に提出して確認を受け、税務署に特例事業承継税制の継続届出書を提出する際に添付する必要があります。

要するに、必要な手続きを行いさえすれば、納税猶予が継続されるわけですから、雇用維持要件は**実質的に撤廃**されたといえます。なお、雇用維持要件を下回った理由が、経営状況の悪化である場合などには、認定経営革新等支援機関からの指導・助言を受けることになります。

④新たな減免制度の創設

事業承継税制では、納税猶予を受けた後継者が事業を継続している限り、納税猶予が継続しますが、廃業や株式売却などの一定の事由がある場合には、猶予されていた贈与税、相続税を納付しなければなりません。

特例事業承継税制においては、特例経営贈与承継期間などの経過後に、会社の事業の継続が困難な一定の事由が生じた場合に、特例事業承継税制の適用の対象となっている株式を譲渡などしたときは、その対価の額（譲渡などのときの相続税評価額の1/2が下限となります）を基に相続・贈与税額などを**再計算**し、その

---

* **報告書**　認定経営革新等支援機関の意見が記載されているものに限ります。

再計算した金額と直前配当などの金額との合計額が当初の納税猶予税額を下回る場合には、その**差額を免除**し、再計算された額のみを納税するなどの措置が設けられています。

一定の事由としては、①過去3年間のうち2年以上が赤字の場合、②過去3年間のうち2年以上売上が減少した場合、③有利子負債≧売上の6か月分の場合、④類似業種の上場企業の株価が前年の株価を下回る場合、⑤心身の故障などにより後継者による事業の継続が困難な場合（譲渡・合併のみ）があります。

この減免制度によって、後継者が将来過大な納税負担があり得ることに不安を持つことなく、事業を承継できるようになりました。

一般事業承継税制には、このような減免措置はなく、経営環境の悪化などにより株価が下落しても、承継時の株価を基に計算された贈与税、相続税を納める必要があります。

新たな減免制度の効果（イメージ）

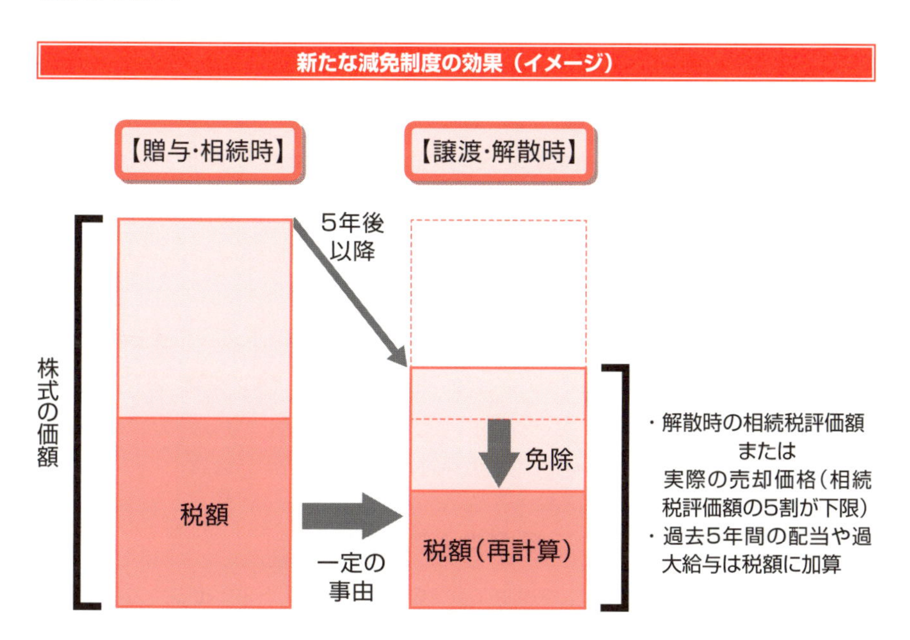

出典：国税庁「非上場株式等についての贈与税・相続税の納税猶予・免除（事業承継税制）のあらまし」P.9より

7-5 特例承継計画提出のメリット⑤ 相続時精算課税制度の適用拡大

相続時精算課税制度は、通常、祖父母や父母から、20歳以上の子や孫に対する贈与について適用される制度ですが、特例事業承継税制においては、特別に、第三者に対する贈与にも利用できることとされています。

相続時精算課税制度とは

相続時精算課税制度は、生前贈与について、贈与時には軽減された額の贈与税を納付し、残りは相続が発生した際にまとめて相続税で精算するという制度です。

いったん相続時精算課税制度の利用を選択すると、その贈与者との関係では、相続時精算課税制度の選択を撤回して**暦年課税制度***の利用に戻すことはできず、**110万円の基礎控除額**は利用できなくなります。

相続時精算課税制度は、**非課税枠が2500万円**と大きく、2500万円を超えた額について一律20%の税率で贈与税が課されます。

また、相続時に相続税の計算をする際、贈与時の時価で計算するため、贈与時の時価が相続時の時価よりも低い場合に、税負担が軽減します。特に、自社株式などの評価額が今後上昇する見込みがある場合は、相続時精算課税制度を利用して後継者に対し自社株式を贈与することにより、大幅な節税が可能となることがあります。逆に、贈与時の時価が相続時の時価よりも高くなってしまった場合には、かえって税負担が増えることになる場合があるので、注意が必要です。

相続時精算課税制度の適用条件と手続き

この制度を利用できるのは、原則として贈与をした年の1月1日において60歳以上の父母または祖父母から、贈与を受けた年の1月1日において20歳以上の直系卑属（子や孫）である推定相続人または孫への贈与である場合です。

相続時精算課税制度を利用するには、相続時精算課税制度の選択を開始した年の翌年の2月1日から3月15日の間に、税務署に対し一定の書類を添付した贈与税

---

* **暦年課税制度**　贈与があった年ごとに、その年内の贈与について贈与税を課税する制度。

の申告書を提出する必要があります。

その後、その贈与者から贈与を受けた場合は、非課税枠の範囲内であっても、毎年申告をしなければなりません。

特例事業承継税制では？

特例事業承継税制においては、例外的に、推定相続人以外の**第三者**であっても、20歳以上であれば、相続時精算課税制度が利用できるようになりました。これによって、第三者である従業員などに対する事業承継が行いやすくなりました。

もっとも、将来相続が発生したときに、相続人とは関係のない第三者が事業承継のために生前贈与を受けた株式も含めて相続税が計算されることになる結果、相続人のみで計算する場合に比して、適用される税率が高くなる可能性があるので注意が必要です。そこで、第三者を後継者にする経営者としては、将来に禍根を残さないためにも、自己の相続人ともよく話し合っておくことが必要でしょう。

暦年課税制度と相続時精算課税制度の概要

区分	暦年課税制度	相続時精算課税制度
概要	暦年（1月1日から12月31日までの1年間）ごとにその年中に贈与された価格の合計に対して贈与税を課税する制度	将来相続関係に入る親から子への贈与について、選択制により、贈与時に軽減された贈与税を納付し、相続時に相続税で精算する課税制度
贈与者	制限なし（ただし、贈与者と受贈者の関係により税率が異なる）	原則：60歳以上の父母・祖父母 特例事業承継税制：60歳以上の者
受贈者		原則：20歳以上の子・孫 特例事業承継税制：20歳以上の者
選択の届出	不要	必要（一度選択すると相続時まで継続適用）
控除	基礎控除額（毎年）：110万円	特別控除額：2500万円（複数年にわたり使用可）
税率	基礎控除額を超えた部分に対して10%から55%の累進税率	特別控除額を超えた部分に対して一律20%の税率
適用手続き	贈与を受けた年の翌年3月15日までに贈与税の申告書を提出し、納税	選択を開始した年の翌年3月15日までに、本制度を選択する旨の届出書を提出
相続時精算	相続税とは切り離して計算（ただし、相続開始前３年以内の贈与は相続財産に加算される）	相続税の計算時に精算（合算）される（贈与財産は贈与時の時価で評価される）

出典：中小企業庁「事業承継ガイドライン　20問20答」P.13をもとに一部改変

7-6 特例事業承継税制の手続き 納税猶予を受けるためには？

特例事業承継税制は、特例計画書の作成・提出、都道府県知事による確認、経営承継円滑化法の認定、税務署への納税猶予の申告という手続きにより利用することができます。

特例事業承継税制において納税猶予を受けるための手続き

特例事業承継税制において、納税猶予を開始するためには、以下の3つのステップを踏む必要があります。

STEP1

特例事業承継税制により、贈与税または相続税が猶予、免除されるには、まず**特例承継計画**を作成し、認定経営革新等支援機関（税理士、商工会、商工会議所など）の所見を記載のうえ、**2023年3月31日まで**に都道府県知事に提出して確認を受ける必要があります。なお、2023年3月31日までの贈与については、贈与後に特例承継計画を提出することも可能です。

STEP2

その後、事業の後継者が、**2027年12月31日まで**に、株式の全部または一定数以上を贈与、相続または遺贈によって取得し、一定の時期までに、経営承継円滑化法に基づき、主たる事務所の所在地の都道府県知事から、①**現経営者の要件**、②**後継者の要件**、③**対象会社の要件**を満たしていることの認定を受けます。

STEP3

経営承継円滑化法の認定を受けたら、次は、税務署に対し、特例承継計画・認定書の写しを添付して、相続税や贈与税の**納税猶予の申告**をする必要があります。その際、所定の担保の提供も必要となりますが、特例事業承継税制の対象となるすべての株式を担保として提供することもできます。

納税猶予開始後の手続き

後継者は、納税猶予制度を利用して税務申告をした後も、**5年間**、会社代表者として、納税猶予の対象となった株式を保有しながら、事業を継続しなければなりません（**事業継続期間**）。

そして、事業継続期間中は、毎年、会社から都道府県知事に対する**年次報告書**と、後継者から税務署に対する**継続届出書**を提出することになります。

この事業継続期間中に廃業するなど、途中で要件を満たさなくなった場合は、利子税と共に猶予されていた相続税や贈与税を納めなければなりませんが、減免制度も設けられていることは前に説明したとおりです（7-1、7-4参照）。

事業継続5年経過後は、税務署への継続届出書を**3年に1回**提出すればよいようになります。

特例事業承継税制利用開始の手続きの流れ（イメージ）

STEP1

中小企業者は特例承継計画を作成し、認定支援機関の所見の記載を受けて都道府県に提出。

STEP2

株式を承継し、都道府県知事の認定を受ける。

STEP3

特例承継計画・認定書の写しとともに、税務署へ納税猶予の申告。担保提供。

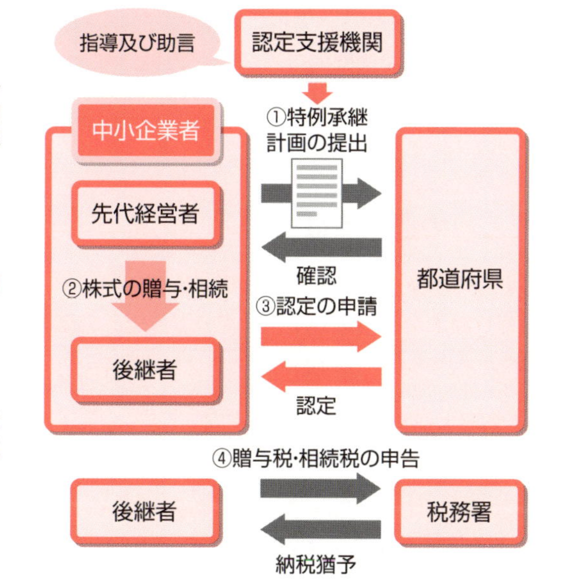

出典：中小企業庁財務課「特例承継計画に関する指導及び助言を 行う機関における事務について【平成30年4月1日版】」P.2の図を基に一部改変

7-7 特例承継計画を作ってみよう！
特例承継計画に書くべきことは？

特例事業承継税制の入口にあたる特例承継計画の作成ですが、何か難しいことが要求されているわけではなく、認定支援機関と相談しながら、概略的な内容をある程度具体的に記載すればよいようになっています。

どんなことを書くの？

特例事業承継税制を利用するための大前提として、特例承継計画を作成し、都道府県知事に提出し、確認を受ける必要があります。この特例承継計画の記載事項としては、**会社について、代表者について、後継者について、事業承継の時期、承継時までの経営計画、承継後5年間の経営計画**、及び、認定支援機関の所見などがありますが、詳細かつ綿密な内容が要求されているわけではなく、ある程度概略的な内容でよいようになっています。

また、認定支援機関による指導・助言の内容など以外の部分についても、すべて自分だけで考えて記載しなければならないわけではなく、**認定支援機関と相談**しながら記載することも十分考えられます。

書くときの注意点は？

承継時までの経営の見通し、承継後5年間の事業計画を記載する際には、「**なぜその取り組みを行うのか？**」、「**その取り組みの結果、どのような効果が期待されるか？**」ということを意識して、具体的に記載するようにしましょう。

一度計画を決めたら変更できないの？

特例承継計画の確認を受けた後に、計画の内容に変更があった場合は、変更申請書を都道府県に提出して確認を受けることができます。その際にも、再度認定支援機関による指導・助言を受けることが必要です。

また、特例承継計画の提出をしたからといって、必ず特例事業承継税制を利用しなければならなくなるわけでもありませんから、いざというときに後継者の税負担を軽減できるように、提出しておくというのも一計でしょう。

特例承継計画の記載例（サンプル）

1 会社について

主たる事業内容	玩具小売店
資本金額又は出資の総額	10,000,000 円
常時使用する従業員の数	15人

2 特例代表者について

特例代表者の氏名	承継 太郎
代表権の有無	☑有　□無（退任日 年 月 日）

3 特例後継者について

特例後継者の氏名(1)	承継 一郎

4 特例代表者が有する株式等を特例後継者が取得するまでの期間における経営の計画について

株式を承継する時期(予定)	2022年 ～2023年頃予定
当該時期までの経営上の課題	・借入によりキャッシュフローが圧迫されていること。
当該課題への対応	・商品在庫数を見直し、在庫回転率を向上させる。 ・借入の返済スケジュールの見直しを要請。 ・遊休資産の処分により手元現金を増やす。

5 特例後継者が株式等を承継した後5年間の経営計画

実施時期	具体的な実施内容
1年目	【棚卸し資産の洗い出し】【在庫管理の見直し①】 IT導入①(レジ機能を持つタブレットを導入し、年齢別の売上傾向を把握。顧客管理システムを導入。)
5年目	【広告活動の強化②】 顧客管理システムに登録されたお客様に対して、新商品発売等に合わせてダイレクトメールを展開。 【商品ラインナップの充実】 安定的な消費が見込める文房具の取扱い開始。今後もメインターゲットである子ども向けの商品展開を充実させていく。

出典：中小企業庁「特例承継計画記載例 3 小売業」より一部抜粋

平成31年度税制改正について
～事業承継税制の個人事業主への拡充～

第7章で解説した事業承継税制は、その適用対象は法人である中小企業でした。

しかし、日本には200万人を超える個人事業者が存在しており、2025年には、その内約150万人が70歳以上となるといわれています*。

そこで、平成31年度の税制改正では、個人事業者についても、円滑な世代交代を通じた事業の持続的な確保が喫緊の課題となっていることを踏まえ、個人事業者の事業承継を促進するために、10年間（2019年1月1日～2028年12月31日）限定で、多様な事業用資産の承継に係る相続税・贈与税を100%納税猶予する「個人版事業承継税制」の創設が予定されています。

個人版事業承継税制の対象となる事業用資産としては、土地（400m^{2}まで）、建物（800m^{2}まで）、機械・器具備品（工作機械、診療機器など）、車両・運搬具、生物（家畜など）、無形償却資産（知的財産権など）が想定されており、生前贈与の促進のために、相続税だけでなく贈与税も対象とすることが予定されています。

この制度を活用するためには、法人の場合と同様、経営承継円滑化法に基づく認定と、承継計画の事前提出（2019年度から5年以内）が必要となります。そして、税務署に納税猶予を申告して、担保提供をすることにより納税猶予が開始し、事業継続・資産保有について定期的な報告が必要という手続きの基本的な流れは法人の特例事業承継税制の場合と同様であり、一定の事由によって減免が為されることも同様です。なお、現行の小規模宅地の特例とは選択適用であり、併用することはできません。

***…いわれています**　中小企業庁公開資料「平成31年度（2019年度）中小企業・小規模事業者関係　税制改正について」P.2より

第8章

事業承継のための資金の調達

事業承継を実施し安定的な経営を行うためには、自社株式や事業用資産を取得したりする必要があります。その場合に、どのようにして、自社株式や事業用資産を取得するための資金を確保するかは重要な問題です。また、相続の際に発生する納税資金も、多額になるおそれがありますので、それに対する対応も検討しなければなりません。さらに、事業承継に際して運転資金が必要になる場合もあります。

この章では、事業承継で必要となる資金の調達方法を説明します。

8-1

どのような資金が必要となるのか

事業承継にはいろいろな資金が必要

事業承継を行うのに多額の資金が必要となる場合があります。後継者が、自分で資金を用意できればよいのですが、多額であることから、なかなか用意できない場合もあります。その場合、どのようにして資金を調達するかが問題となります。

事業承継で資金が必要となるのはどんなとき？

①自社株式や事業用資産の買い取り資金

中小企業においては、「**所有と経営が一致**」しているため、会社を安定的に経営するには、自社株式の2/3以上を後継者が所有していることが必要です。そのために、自社株式を買い取るための資金が必要となる場合があります。

また、中小企業の場合、会社の財産的基盤が弱いため、事業用資産も会社名義ではなく、現経営者の個人名義の場合があります。その場合、事業用資産を会社が買い取るのが、一番よいのでしょうが、資金的に難しい場合は、後継者が買い取る必要があります。

②相続税や贈与税の納税資金

相続や贈与によって、現経営者から後継者へ、自社株式や事業用資産が移転する場合には、多額の**相続税**や**贈与税**が発生することがあります。そのために、**納税資金**を準備する必要があります。

③運転資金

事業承継によって、中小企業の経営者が交代する場合、**会社の信用力**が低下することがあります。その結果、融資の条件が厳しくなったり、取引先が取引の規模をしばらく縮小したり、代金の支払いの時期を延ばしたりすることがあり、会社として一時的に運転資金に支障をきたす場合が出てきます。

資金の調達方法にはどのようなものがあるか

①金融機関からの借り入れ

まず、会社が従来、取引をしていた金融機関から借り入れることが考えられます。しかし、民間の金融機関ですと、会社あるいは後継者が確実な担保を持っていないかぎり、新たな融資を受けることは難しいと思われます。

②経営承継円滑化法による金融支援を利用する

2008年10月から施行された経営承継円滑化法では、事業承継を行うのに必要な資金について、**通常の融資に比べて有利な条件で借りることのできるような措置**を設けていますので、その利用を検討することをお勧めします。

③日本政策金融公庫の特別融資を利用する

日本政策金融公庫には、自社株式などの取得を行う会社への融資制度や、M&Aを行う会社への融資制度があります。

事業承継で資金が必要となる場合と資金の調達方法

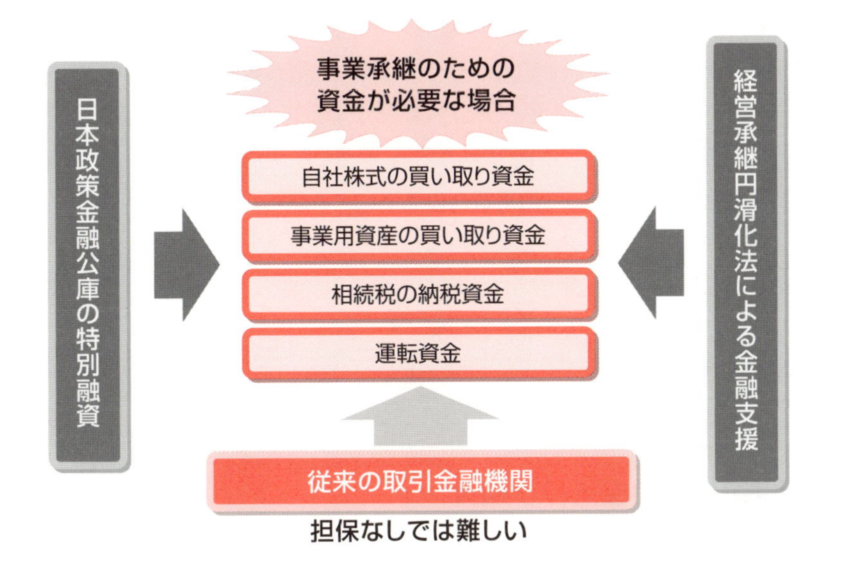

8-2
経営承継円滑化法による金融支援
保証枠の拡大と後継者個人への融資

経営承継円滑化法に定められた金融支援措置には、都道府県知事の認定を受けた中小企業やその代表者に対して、信用保証協会の保証枠の拡大や、後継者個人への融資などの特例が設けられています。

都道府県知事の認定が必要

経営承継円滑化法による金融支援措置を受けるには、都道府県知事が認定する中小企業であることを要件とします。具体的には次のような場合が典型的です。

①相続に伴い後継者以外の相続人に株式などや事業用資産が分散したので、それを取得する必要がある**（自社株式・事業用資産の買い取り資金）**

②中小企業の代表者が、相続・贈与などにより取得した自社株式、事業用資産などについて多額の納税が見込まれる**（納税資金）**

③中小企業の代表者が死亡したか退任した後の3か月間における売上高または販売数量が、前年同期の3か月間における売上などの80%以下に減少することが見込まれる**（信用状態の低下による運転資金）**

このような要件を満たす場合は、必要事項を申請書に記載のうえ、必要書類を添付して認定のための申請手続きをします。

申請書の提出先は原則として、事業所がある場所の都道府県の担当課になります。

信用保証協会の保証枠が拡大

中小企業が金融機関から借り入れる際に信用保証協会の保証がつくことがあり、それに対して保険がかけられていますが、経営承継円滑化法に基づく認定を受けた中小企業は、その信用保険の拡大が認められます。

通常は、普通保険（2億円）、無担保保険（8000万円）、特別小口保険（1250万円）となっていますが、別枠化されることで最高5億8500万円まで保険枠が拡大することになります。

このことにより、**信用保証協会の保証枠も実質的に別枠化されるため、金融機関からの資金調達が容易**になります。

具体的に対象となる資金は、株式や事業用資産の買い取り資金、信用状態が低下している中小企業の運転資金などです。

中小企業の後継者個人への融資

経営承継円滑化法に基づく認定を得ることで、日本政策金融公庫の融資の特例として後継者個人への融資を受けることができます。

金利については、通常の金利（**基準金利**）ではなく、特別に低い利率（**特別利率**）が適用されます。ちなみに2017年4月時点では、基準金利*は通常1.21%のところ、特別利率*は0.81%となっています。

具体的に対象となる資金としては、株式や事業用資産の買い取り資金、相続税や遺留分を行使された場合に請求者に支払うための資金などです。

経営承継円滑化法に定められた金融支援措置

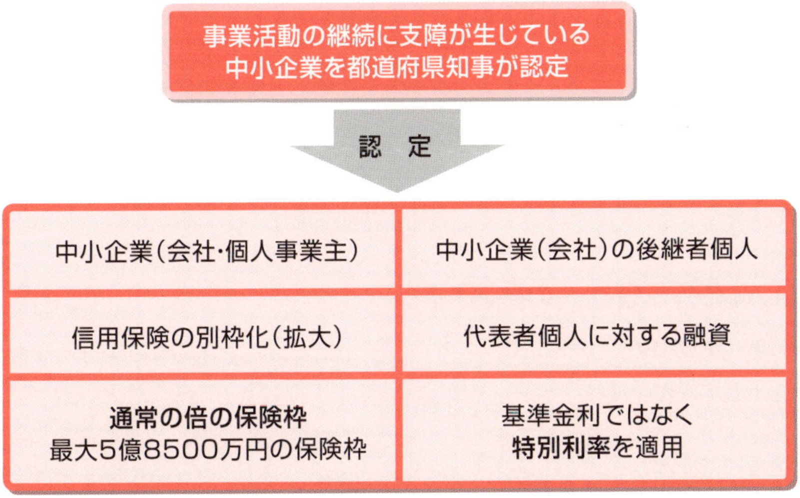

事業活動の継続に支障が生じている
中小企業を都道府県知事が認定

↓ 認　定

中小企業（会社・個人事業主）	中小企業（会社）の後継者個人
信用保険の別枠化（拡大）	代表者個人に対する融資
通常の倍の保険枠 最大5億8500万円の保険枠	基準金利ではなく **特別利率を適用**

*基準金利・*特別利率　いずれも中小企業事業としての融資の場合の利率。

8-3 日本政策金融公庫の特別融資
自社株式の取得やM&Aへの融資

経営承継円滑化法による金融支援措置のほかに、日本政策金融公庫には、自社株式などの取得を行う会社への融資制度や、M&Aを行う会社への融資制度があります。

自社株式などの取得を行う会社への融資制度

会社が自社株式や事業用資産を取得するための資金を融資することにより、会社の安定的な経営を図ることを目的した融資制度です。

中小企業の場合は、自社株式が分散していたり、事業用資産が個人名義であったりするために、経営者に相続が起こると、自社株式や個人名義の事業用資産が相続人に分散し、会社の経営が混乱することがあります。

そこで、会社が利用する事業用資産は会社が所有するようにして、そのような事態を防止するためにこのような融資制度があります。

貸付の対象は安定的な経営権を確保し、事業を継続していくために株主などから自社株式などを取得する法人です。

資金の使途は、事業承継を行うために必要な資金です。**貸付限度は、中小企業事業（旧中小企業金融公庫が取り扱っていた事業）としては7億2000万円、国民生活事業（旧国民生活金融公庫が取り扱っていた事業）としては7200万円で貸付期間は20年以内（ただし、運転資金に関しては7年以内）です。**貸付金利は、事業を承継する人の負担を軽減するために**特別利率**がとられています。

M&Aを行う会社への融資制度

近年、事業承継の方法として親族外承継も増加しており、M&Aなどによる事業承継もその1つです。

M&Aによって事業を承継する場合には、自社株式の取得と個人名義の事業用資産の取得が必要となりますが、そのための資金の需要にこたえるための融資制度です。

近年では、オーナー経営者ではなく自社株式も持っていない、いわゆる「雇われ経営者」が事業を買い取る**MBO（マネジメント・バイアウト）**、従業員が事業を買い取る**EBO（エンプロイー・バイアウト）**という方法も行われていますが、その場合も融資が可能になりました。

具体的な制度内容としては、貸付対象者が後継者不在などにより事業継続が困難となっている人から事業の譲渡や株式の譲渡などにより事業を承継する人となります。

そのほかの点は、自社株式などの取得を行う会社への融資制度と内容は同じです。融資制度の詳細は、各地の日本政策金融公庫に問い合わせるとよいでしょう。

事業承継・集約・活性化支援資金制度概要

貸付対象者	1. 地域経済の産業活力維持に資する一定の要件を満たす事業であって、事業の譲渡、株式の譲渡、合併等により経済的又は社会的に有用である事業を承継する者 2. 安定的な経営権の確保により事業の継続を図る者であって、次のいずれかに該当するもの ①後継者不在等により、事業継続が困難となっている者から事業の譲渡、株式の譲渡、合併等により事業を承継する事業者 ②株主等から自己株式及び事業用資産の取得等を行う法人 ③事業用資産の取得等を行う後継者（個人事業主） ④事業会社の株式又は事業資産を取得する持株会社
貸付使途	事業承継・集約を行うために必要な設備資金及び長期運転資金
貸付限度額	中小企業事業：7 億 2,000 万円（うち運転資金 2 億 5,000 万円） 国民生活事業：7,200 万円（うち運転資金 4,800 万円）
貸付利率	運転資金及び設備資金：基準利率、特別利率
貸付期間	設備資金：20 年以内<据置期間 2 年以内> 運転資金：7 年以内<据置期間 2 年以内
取扱金融機関	（株）日本政策金融公庫（中小企業事業及び国民生活事業） 沖縄振興開発金融公庫

8-4 相続税の納税資金を準備するには

納税を怠ると……

相続税の納税時期は突然やってきます。しかも、税金の納付は原則として金銭による一括納付です。円滑な事業承継のためには、突然の納税義務発生にも十分対応できるよう計画的に納税資金を準備しておくことが不可欠です。

納税期限は突然来る

相続税は、現経営者の死亡によって発生するものですから納税時期のコントロールができません。**相続税の納税時期は、原則として相続発生時から10か月以内**です。

相続の際は、葬儀などの儀式の執り行いや相続財産の把握などに追われることになるため、10か月などすぐに過ぎてしまいます。相続が発生してから**納税資金**の都合を考え始めても手遅れです。相続による事業承継の方法をとる場合は、計画的に納税資金の準備をしておくことが不可欠です。

納税期限を過ぎても納税がなく、税務署からの催促も無視した場合は、税務署から滞納処分を受け、財産の差し押さえを受ける可能性があります。もし事業用財産の差し押さえでも受けようものなら事業の継続が困難となってしまいます。

どうやって納税資金を準備するか

①現金を承継させる

税金の納付は、原則として金銭での一括納付となります。そこで最も直接的な納税資金対策は、現預金や有価証券など簡単に換金できる財産を後継者に承継することです。多額の相続税を課されても、納税額を上回る金銭を承継しているのであれば、納税資金には困りません。

②生命保険金の利用

現経営者が自身を被保険者とする生命保険をかけておき、後継者がその**生命保険金を納税資金にあてる**という方法です。

生命保険金も相続税の課税対象となりますが、被保険者が保険料を負担していた場合は、相続人1人につき500万円までが非課税となります。

③死亡退職金の設定

　退職慰労金規程を設定しておき、現経営者が在職中に死亡した場合に支給される**死亡退職金を納税資金にあてる**という方法です。死亡退職金にも、相続人1人につき500万円の非課税枠があります。

④自社株式の買い取り

　相続により取得した自社株式を会社に譲渡し、**株式譲渡の対価を納税資金にあてる**という方法です。持分比率の低下により後継者の経営権に問題が生じるおそれがない場合は、有効な方法の1つです。

　なお、株式譲渡により、後継者には所得税が課税されますが、相続開始時から相続税の申告期限（原則として相続開始から10か月以内）後3年以内までの間に、自社株式を会社に譲渡した場合は、**特例措置**により税負担が軽減されます。

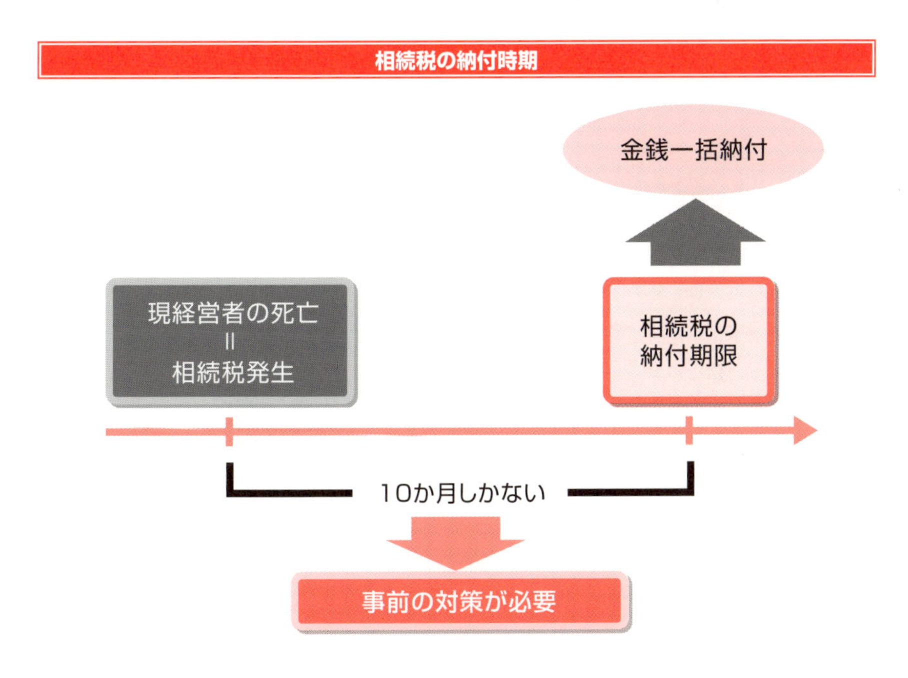

8-5

相続税の延納・物納を活用する

分割や不動産での納税も可能に

納税額が高額化することもある相続税の場合には、金銭一括納付の原則の例外が認められています。それが延納制度と物納制度です。延納、物納の効果的な利用によって納税の負担を相当緩和できる場合があります。

原則は金銭での一括納付

税金の納付は、金銭での一括納付が原則です。しかし相続税の場合は、亡くなった人の全財産について一度に税金が問題となるため、一括納付が困難であることが一般的に考えられます。そこで、とくに相続税については、金銭での一括納付の例外として、一定の条件のもと**延納**や**物納**が認められています。

延納制度とは

延納とは、要するに相続税を**金銭で分割納付**することです。延納期間は、相続財産の中の不動産の割合などによって異なり、最大で20年とされています。なお、贈与税についても一定の要件のもと延納が認められています。

①どんなときに延納制度を利用できるのか？

延納制度を利用できるのは、わかりやすくいえば、納付しなければならない相続税がある程度あって、期限までに一括納付することが難しいという場合です。

②延納に必要な手続きは？

相続税の納期限（相続の発生から10か月以内）までに、延納の申請書などの必要書類を税務署に提出する必要があります。

税務署から延納許可の判断があれば、延納方法の具体的な内容が記載された通知書が税務署から送付されますので、その通知書にしたがって相続税の分割納付をしていくことになります。

物納制度とは

物納とは、要するに**金銭の代わりに物を納付**することです。

①どんなときに物納制度を利用できるのか？

物納制度を利用できるのは、わかりやすくいえば、延納制度によっても金銭納付が難しいという場合です。

物納にあてることができる財産は、相続財産のうちの不動産などの一定の財産です。物納できる財産の中でも優先順位がついています。たとえば不動産がある場合は、原則として動産よりも先に不動産を物納にあてなければなりません。

②物納に必要な手続きは？

相続税の納期限（相続の発生から10か月以内）までに、物納の申請書などの必要書類を税務署に提出する必要があります。

延納・物納のイメージ

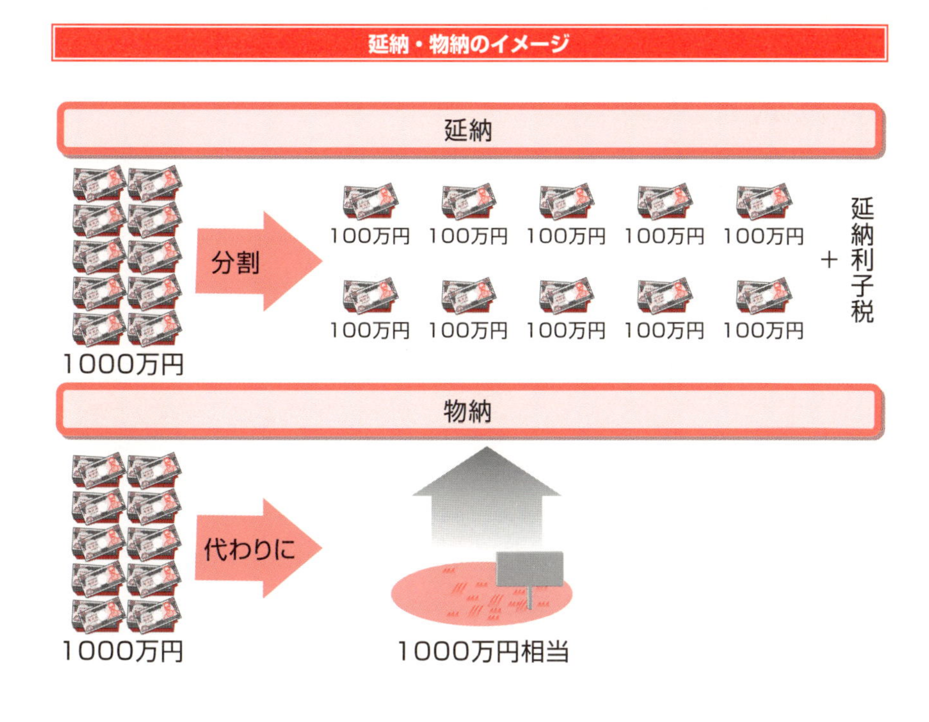

事業承継と経営者保証 ～経営者保証ガイドラインより～

中小企業の経営者個人が、企業の借入金債務を保証することは、融資を受けやすくなるなど大きなメリットがある一方で、思い切った事業展開や早期の事業再生着手を妨げる要因にもなるとされています。

また、事業承継の局面では、後継者候補が多額の借入金の保証人になるのを嫌って代表者への就任を躊躇したり、現経営者が保証人から抜けられないため役員からの退任を渋ったりといったことも生じます。

2013年12月に公表された「経営者保証に関するガイドライン」では、経営者保証に依存しない融資の促進と、それを実現させるための要件が提案され、2014年2月から政府系金融機関をはじめとした各金融機関で適用されるようになりました。

後継者による個人保証の提供なしに金融機関からの新たな資金調達を希望する場合は、次のような経営状態であることが求められるとされています。

①会社と経営者との関係の明確な区分・分離

②財務基盤の強化

③財務状況の正確な把握、適時適切な情報開示等による経営の透明性確保

これらの要件は、一朝一夕に実現できるものではありません。しかし、金融機関と相談しながら上記要件をクリアできるよう準備することが、親族外から後継者を迎える場合には、特に重要になると思われます。

政府系金融機関における「経営者保証に関するガイドライン」の近時の活用実績

	平成29年度		平成30年度（4～9月）		平成26年2月～30年9月（累積件数）	
	件数	金額（億円）	件数	金額（億円）	件数	金額（億円）
①新規に無保証で融資した件数・金額	69,801	26,189	35,283	12,865	278,699	104,921
②新規融資件数・金額	206,926	50,646	97,263	24,417	1,007,527	265,227
③新規融資に占める経営者保証に依存しない融資割合【③＝①／②】（※1）	34%	52%	36%	53%	28%	40%

出典：中小企業庁「政府系金融機関における「経営者保証に関するガイドライン」の活用実績（平成26年2月～平成30年9月実績）」より抜粋

※1　①②③は、日本政策金融公庫（国民生活事業）の個人向け融資を除いた長期融資全体に占める割合、件数、金額をいう。

第9章

事業承継計画とは

事業承継計画は、これから事業承継を行うための「設計図」です。ただし、事業承継を行うための設計図は、物を作るときの設計図のように当初から完璧なものである必要はありません。事業承継計画は、現経営者と後継者が話し合い、何度も修正されていくものです。とにかく、この章を参考にして、現経営者と後継者とで事業承継計画を作成してみましょう。

9-1 事業承継計画の内容を検討する

まずは基本方針からはじめよう

事業承継計画は、それぞれの会社で異なりますが、共通点もありますので、まず、基本方針、現経営者と後継者の役職・年齢、現経営者と後継者の自社株式の割合や事業用資産の移転状況といった共通の内容について検討すべきでしょう。

基本方針——承継の方法と承継の時期

承継の方法は、**親族内承継**、**従業員などへの承継**、**M&A**のいずれを選択するのかを検討します。

承継の時期（経営権が移転する時期）は、親族内承継の場合は、事業承継計画の作成時に、後継者が会社において、どのような地位にあるのかを考慮する必要があります。**今まで全く会社とはかかわりを持たない後継者の場合**は取引先や従業員との信頼関係を一から築かなければなりませんので、事業承継も時間をかけて行わなければなりません。**経営権の移転時期は5年から7年、すべての事業承継が終了するのが7年から10年くらい**の事業承継計画がよいでしょう。

後継者が、すでに会社に入って現経営者のいわば右腕として会社でも重要な地位にある場合は、3年から5年くらいというもっと短い期間で事業承継が可能です。この場合は、自社株式や事業用資産の承継が重要な課題となります。**自社株式や事業用資産の承継時期によって事実上決定される**といってよいでしょう。

従業員などへの承継の場合、現経営者は、取引先やそのほかの従業員から信頼されているため、その従業員を後継者とすることを決意したのですから、後継者の取引先やそのほかの従業員との関係はそれほど問題とならないでしょう。したがって、親族内承継より短い期間で事業承継が可能ですので、**最長でも3年から5年くらいで事業承継を完成させるべき**です。

M&A（第三者への承継）の場合は、できるだけ短期間で、**M&Aを公表してから長くても1年以内には事業承継を行うべき**です。時間をかければかけるほど、取引先や従業員に不安を生じさせ、会社の事業価値を低下させてM&Aの話自体が取りやめになってしまうおそれがあるからです。

現経営者、後継者の役職・年齢

現経営者、後継者の役職・年齢は、年齢による気力体力の低下などを考えるとともに、事業承継を具体的にイメージして計画を立てるのに必要です。

自社株式の割合と事業用資産の移転状況

安定した経営を行うには、それにふさわしいだけの自社株式を所有していることが必要です。したがって、事業承継計画の中に安定した経営ができるだけの株式を獲得するための計画を盛り込む必要があります。また、事業用資産が現経営者の個人所有である場合がよくあります。その場合には、個人名義の事業用資産について承継する方法も十分に検討しておかないと、事業承継が円滑に行えなくなってしまいます。

事業承継計画の立案

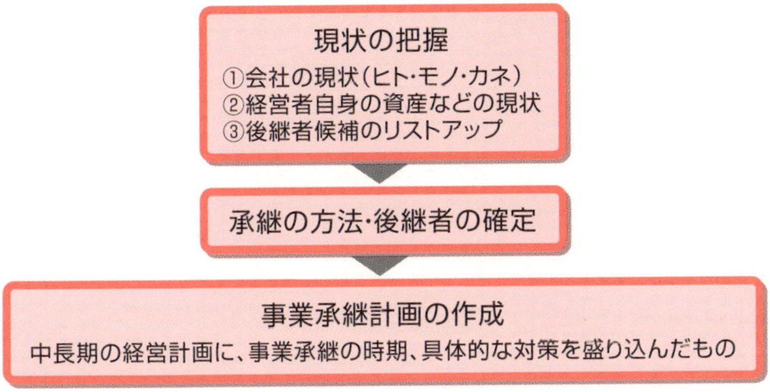

現状の把握
①会社の現状（ヒト・モノ・カネ）
②経営者自身の資産などの現状
③後継者候補のリストアップ

↓

承継の方法·後継者の確定

↓

事業承継計画の作成
中長期の経営計画に、事業承継の時期、具体的な対策を盛り込んだもの

出典:事業承継協議会事業承継ガイドライン検討委員会「事業承継ガイドライン」(2006年6月)p.15より。

承継の方法と承継の時期（事業承継計画作成から）

承継の方法		承継の時期
親族内承継	社外から	7～10年
	社内から	3～5年
従業員などへの承継		3～5年
M&A（第三者への承継）		1年以内

長 ↑↓ 短

9-2 事業承継計画作成のポイント
現経営者と後継者とが協力して作る

事業承継計画は、とにかく不完全なものでもよいから、できるだけ早く作る必要があります。事業承継計画は、現経営者と後継者とが協力して作ることによって、それぞれ会社の問題を認識することができます。

事業承継計画は不完全でもよいから1回作ってみる

事業承継計画の形式に、決まったものはありません。何年で経営権を移転させ、何年後に完全に事業承継を終えるかという目安、その時々の現経営者と後継者の年齢、自社株式・事業用資産の移転のスケジュールを記載してあれば、必要最小限事足ります。

事業承継計画を作成するのは初めてという現経営者、後継者がほとんどでしょう。しかし、**はじめから完璧なものを作る必要はありません。とにかくまず作ってみることが必要です**。しかも、できれば現経営者と後継者が互いに話し合って作るのがよいでしょう。

作成の過程で、現経営者は後継者に何を望んでいるかを伝えることができ、現経営者は後継者の考えを知ることができます。両者で話し合うことで、現時点での会社の問題点や将来の見通しについて真剣に考えることができ、信頼関係が生まれます。そして、そのことが実際の事業承継をスムーズに行うことに役立つからです。

作った後で随時修正する

どんなに立派な事業承継計画を作っても、そのままにしておいては何の意味もありません。少なくとも、1年に一度は、現経営者と後継者とで計画が達成されたかを確認する必要があります。また、事業承継計画を修正する必要があるのかも、1年に一度は検討する必要があります。

現経営者の事業に対する意欲や体力に衰えが感じられるのであれば、予定より早く事業承継を行わなければなりません。逆に、後継者がまだ事業承継するだけの実力が付いていないのであれば、事業承継のペースを緩める必要もあるからです。

要するに、事業承継計画はあくまで、事業承継をスムーズに行うためのシナリオであり、いくらでも修正が可能であり、むしろ途中で修正されるのが原則といってよいでしょう。

チェックは第三者も加わってもらう

現経営者も、後継者も会社の業務にかかわっている以上、日々の仕事に追われてしまい、ともすると事業承継計画はおざなりにされてしまう傾向が強いのは否定できません。

そこで、毎年1回のチェックには、第三者、たとえば**顧問税理士**、**顧問弁護士**に立ち会ってもらい、ともに会社の将来について考える機会を設けるとよいでしょう。第三者が加わることにより、半ば強制的にチェックが行われるとともに、会社から一歩距離を置いた立場からの客観的な判断が可能となるからです。また、税務面、法律面からのチェックも入り、事業承継計画がより完璧なものになります。税務や法律は日々変わっていて、それを現経営者が把握することは不可能に近いからです。

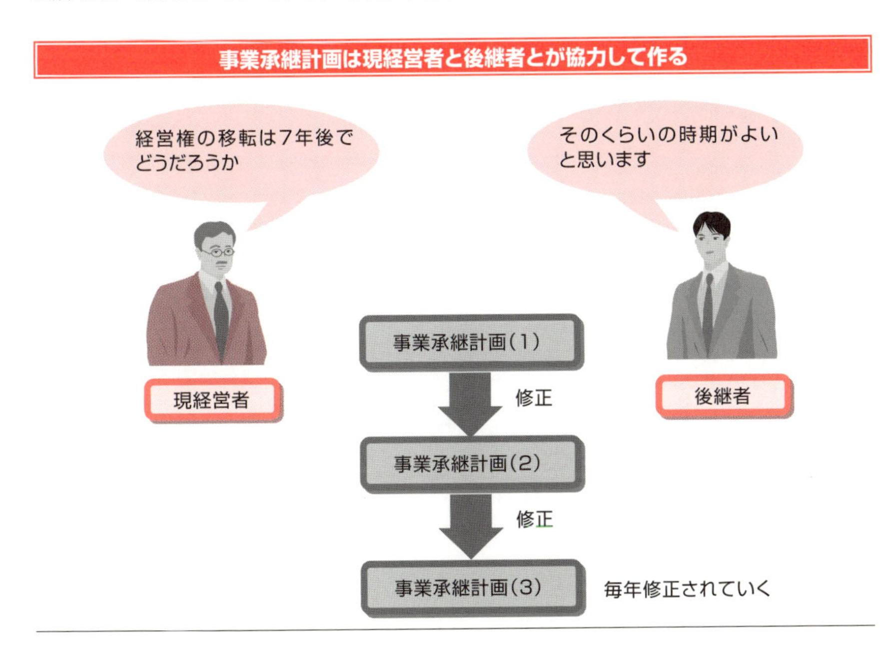

9-3 現経営者自身の財産の状況を知る
自社株式、事業用資産、負債・個人保証は？

中小企業の場合は、自社株式の問題のほかに、事業を構成する財産に現経営者個人の財産が含まれることが多く、事業承継計画を作成する前提として、現経営者自身の財産状況を正確に把握することが必要となります。

保有自社株式をチェックする

所有と経営の一致している中小企業では、経営者が思ったとおりに経営を行っていくためには、自社株式についても原則として**議決権の2/3**を保有する必要があります。その前提として、現在、自社株式の**うちどのような種類の株式が発行されているのか、現経営者のほかに誰がどのような割合で保有しているのか**を、確認する必要があります。

個人名義の事業用資産（不動産など）をチェックする

中小企業では、事業用資産が個人名義であることがあります。代表的な例として、現経営者の土地の上に会社名義の工場を建てている場合があげられます。現経営者が元気なうちは、それでもとくに問題とはなりませんが、**現経営者が亡くなり、相続が発生すると状況が一変することがあります**。したがって、事業用不動産の所有関係がどうなっているのかを、正確に把握する必要があります。

さらに厄介なのは、その事業用に利用されている不動産が現経営者の父名義であったりする場合です。現経営者が元気なうちは、会社が建物を建てて土地を使用していても、他の相続人はとくに何もいわないかもしれません。しかし、相続の手続きが終了していないのですから、現経営者が元気なうちに他の相続人の同意を得て、できるだけ早く現経営者名義に変更しておくべきです。そうでないと、現経営者がこのまま亡くなった場合には、先代の相続問題でさらにもめる可能性が出てくるからです。

現経営者の負債・個人保証などをチェックする

中小企業の場合は、会社の財産だけでは担保として不十分なため、現経営者が連帯保証人となることが多くあります。同時に、現経営者の個人資産である自宅不動産が担保に入っていることも、よく見られます。事業用資産が現経営者の個人所有である場合は、どのように後継者に承継させるのかという方法も検討されなければなりません。その前提として、**現経営者の負債・個人保証の状況**を正確に把握する必要があります。

中小企業の場合は会社が事業用の資産を所有していないことから、事業用資産を持っている個人の相続をめぐるいろいろな問題が生じるのですから、もし、会社に資金的な余裕があるような場合、あるいは金融機関が融資してくれる場合には、**事業用資産として利用している個人名義の不動産については正当な対価を支払って会社が取得するようにすべき**でしょう。現経営者の事業用資産を、一時的に後継者に承継させたとしても、次の事業承継のときには全く同じ問題が生じますので、できればそれを避けるべきだからです。

事業用資産が現経営者の個人名義だと……

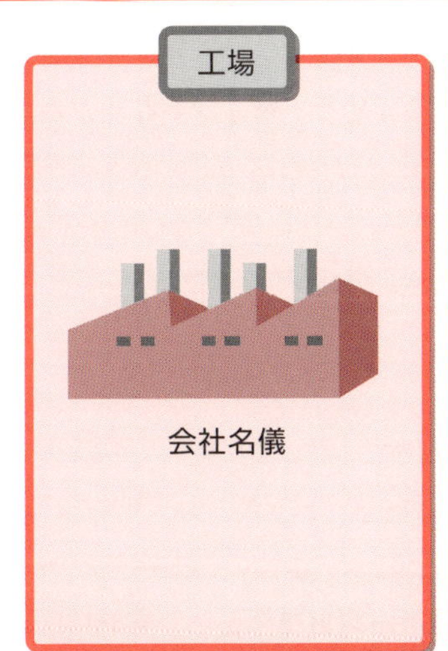

事業用資産はできるかぎり会社名義にする

9-4 経営上のリスクと財務上のリスク

企業のリスクの状況を知る①

中小企業の場合は、日々の財務状況がどのようになっているかについて十分に気を配ることができないのが現実です。事業承継計画を作成する際には、企業の現状を把握し、そこに潜むリスクについても十分に知っておく必要があります。

中小企業のリスクを知る意味

事業承継計画の作成をきっかけとして**企業の現状を知ることはきわめて有意義**なことです。今まで見えてこなかった企業の弱点を知り、それを克服することで、企業はより成長することができ、事業承継もやりやすくなります。

経営上のリスク

企業が、将来的に成長していくのか衰退していくのかを真剣に考えることになります。成長していく場合は、どの程度の成長が見込まれるのか、成長の前提条件は何か、不安要因はないか、その克服方法は何かなどについて具体的に考えることが重要です。その場合、**箇条書きでもよいですから、ポイントを書きとめ、折に触れて見直す**とよいでしょう。逆に、衰退していく場合は、どの程度の割合で衰退していくのか、近接業種への事業転換は可能か、可能な場合それに要する期間、必要とする資金の規模、などを具体的に検討しなければなりません。

財務上のリスク

まず、中小企業の場合、税務署用、金融機関用と何通りかに分けて決算書を作っているところもあります。税務署提出用には、課税されないように利益を抑えて作成し、逆に金融機関提出用には融資を打ち切られないように、赤字であっても黒字としたりします。まず、そのように**加工された決算書を修正して実態に即したものに直す**ことから始めなければなりません。

会社に現金やそれと同じような財産がどれだけあるのかも十分把握しておく必

要があります。いざというとき、資金不足になったとしても一般の金融機関から借り入れができるとは限りません。

資産の面では、**取引先に対する債権ですでに回収不能**になっているものがあればゼロと評価し、ゴルフ会員権や株式ですでに売却したのに帳簿上に残っているものはないかも確認する必要があります。

負債の面では、まず、**簿外の債務**がないのか、借入金のうち長期・短期はどの程度あるのか、現在、順調に返済を行っているのか利息だけを支払っている状況なのか、リスケジュールが必要な状況なのかを正確に把握する必要があります。

おそらく、このような作業を行っていく中で、現経営者は自分の企業の財務基盤がいかに弱いものであるかを知ることが多いでしょう。その場合は、**今までの「どんぶり勘定的」な財務の管理方法を改め、むだな経費の節減に取り組むきっかけ**を与えられたと考えるのがよいと思われます。

リスクを知り克服することで飛躍する

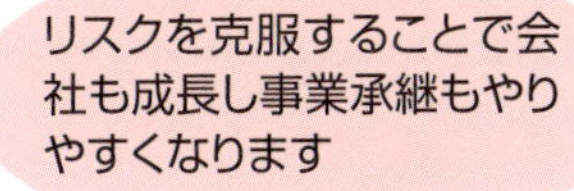

9-5 人事上のリスクと設備上のリスク
企業のリスクの状況を知る②

中小企業の場合は、規模が小さいため、従業員の数も少なく、ピラミッド型の組織を作ることは困難です。常日ごろから、技術の伝承や従業員が抜けた場合のバックアップをどうするか検討し、それに備えておかなければなりません。

人事上のリスク

まず、企業の全従業員の年齢を把握することが必要です。そのことによって、企業の従業員の年齢構成がわかります。ピラミッド型をしているのが理想ですが、小規模で従業員の数がそれほど多くない中小企業の場合は、ある程度偏りがあってもやむを得ないでしょう。しかし**一定の年齢層だけが突出しているような場合は要注意**です。その年齢層が退職を迎えると企業の力が極端に低下するおそれがあるからです。その場合は、それに備えて若年層への技術の伝承を確実に行っておくことが必要となります。

また、年齢構成を把握することで、何年後に退職者が何人出るので、それに備えてどれだけ採用すればよいのかもわかります。また、就業規則に退職金規定がある場合は、財務上の負担も生じます。企業として、十分な資金の備えがない場合、財務上のリスクになるとともに、現在働いている従業員にとっても、将来退職金が支払われるのかという不安要因になり、労働意欲が低下するおそれがあります。そこで、企業として無理なく支払えるようなシステム（たとえば**中小企業退職金共済***に加入するなど）を構築することが必要となります。

設備上のリスク

製造業の場合は、老朽化した設備の入れ替え、補修点検は重要な問題です。新たな設備を購入する場合はそれに対する資金が必要となります。技術革新の速度により、求められる技術水準も異なるので、いつ、機械の入れ替えをしなければならないのかということの予想は難しいでしょう。

***中小企業退職金共済**　独立行政法人勤労者退職金共済機構が運営するものであり、掛金について、法人企業の場合は損金として、個人企業の場合は必要経費として、全額非課税となります。

しかし、**設備投資を怠ることはできませんので、購入資金の調達も含めて、おおざっぱな計画だけでも立てておく**必要があります。それを怠ると、取引先からの要求にこたえられず、最悪の場合は取引停止ということになり、事業自体を続けていくことができなくなってしまいます。

以上のように、中小企業の抱えるリスクにはいろいろなものがありますが、結局、その根本をなすのは、財務上のリスクをいかに回避するかということにつきるといえます。**短期的・長期的な資金繰り**について、当面は目標ということになるでしょうが、**具体的な数字**を必ず掲げるようにしてください。

中小企業の経営者が最も弱いのは、企業の財務に関する数字の把握です。最低限、営業利益、経常利益、純利益はどれだけ出ていて、それが過去どのように推移していたのかということくらいは把握するようにしてください。

従業員の年齢構成のアンバランス

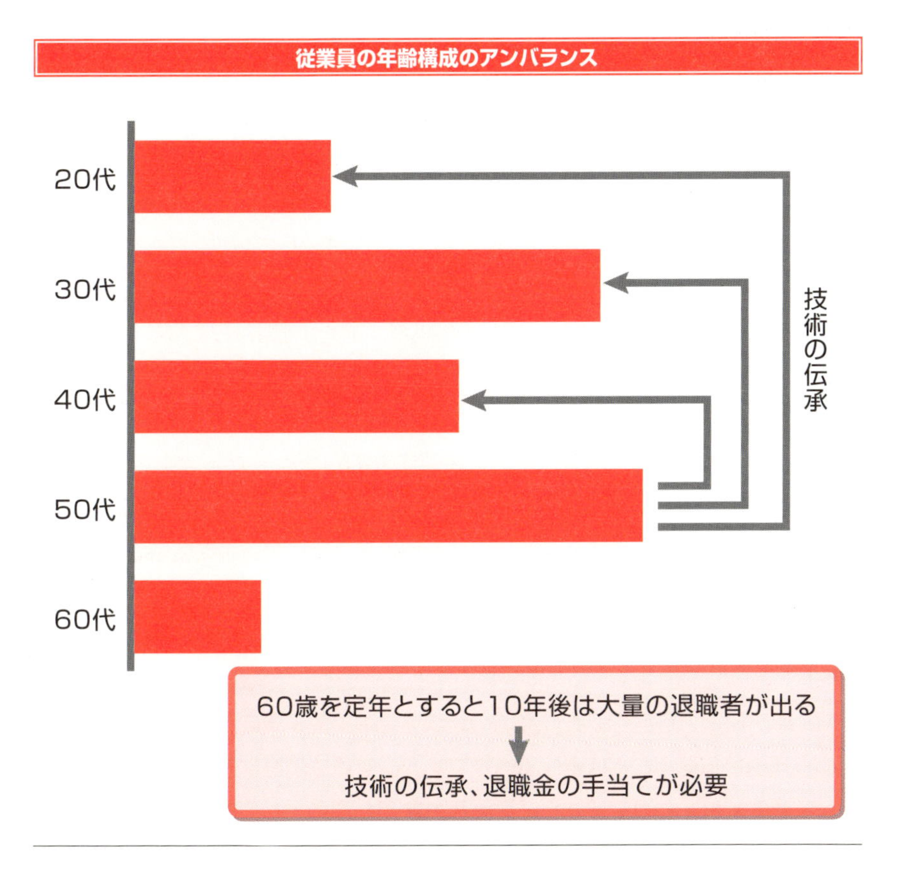

9-6 後継者を決定する
決定の際に考慮されるべき点と公表の時期

中小企業では、後継者候補が複数いて、後継者どうしを競わせて選ぶという状況は通常、存在しません。現経営者は、後継者の将来の可能性を考慮したうえで、後継者を育てるという観点も加味して後継者を決定すべきでしょう。

親族内承継

親族内承継が多い理由として、心情的に受け入れやすいということがありますが、その点を過大に考えてはいけません。もちろん、取引先や従業員から支持されることは重要ですが、それは、**経営者としてふさわしい能力を備えていることが大前提**です。単に取引先や従業員から支持されているといっただけで、経営者としてふさわしくない人を現経営者が選ぶことは、会社の将来にとって明らかにマイナスです。

取引先や従業員との信頼関係を築くことは経営者の能力として重要なことですが、それだけでは経営者は務まらないのです。経営者として適切な経営判断ができるのか、財務面にも明るいのか、今後、経営者としてやっていくのに十分な体力・気力があるのかなどを総合的に考慮して後継者候補を決定しなければなりません。

従業員などへの承継

従業員などへの承継の場合、後継者が現経営者の右腕となって働いていた従業員であれば取引先やそのほかの従業員との関係はとくに問題とならないでしょう。問題は、**自分の会社の株式や事業用資産を取得するだけの資金を後継者が用意できるか**です。

M&A

M&Aの場合、現経営者は、M&Aの相手方について、単に譲渡価格が高いからという理由から選ぶことは避けるべきです。従業員は現経営者を信頼して今までついてきてくれたわけですから、**従業員の雇用が原則として継続される**ような譲渡先を第一に考えるべきでしょう。このことは、従業員にとってばかりでなく譲渡先についてもメリットがあります。中小企業の場合は、規模が小さいため、従業員が抜けてしまうと事業自体の同一性が失われ、企業としての価値が低下してしまうからです。

公表の時期はいつがよいか

親族内承継の場合は、後継者が決まった段階で公表してかまわないでしょう。公表によって、後継者に対して取引先や従業員がそれに応じた対応を取ることになり、そのことが、後継者を経営者としてふさわしくさせることになるからです。

従業員などへの承継の場合は、従業員が、自己株式などの取得の可能な資金の目途がついた後にすべきでしょう。そうでないと、仮に、資金が用意できず承継できなかった場合は会社内に混乱が生じるおそれがあるからです。

M&Aの場合は、取引先や従業員の混乱をできるだけ避けるために、譲渡先が決定した段階で初めて公表すべきでしょう。

後継者を決定するポイント

親族内承継	経営者としてふさわしい能力をもっているか 人柄が良い、取引先･従業員から支持されている というだけではダメ
従業員などへの承継	経営者としての能力のほかに自社株式、事業用資産を 取得するための資金があるか
M&A	譲渡の価格だけでなく、従業員の雇用も継続されるか

モデル事例で事業承継を考える

事業承継について、次のような会社の例で考えてみましょう。

株式会社鈴木工業は、その経営者である社長として鈴木一郎（59歳、自社株式90%保有）、後継者として長男　鈴木太郎（34歳、自社株式5%保有）、一郎の妻　鈴木花子（55歳、自社株式5%保有、太郎の嫁と仲が悪い）、次男　鈴木次郎（25歳、自社株式なし、サラリーマンをしており会社については興味なし）、長女　高橋陽子（29歳、自社株式なし、太郎と仲が悪い）、事業用資産として工場の建物・機械は会社所有だが、工場敷地は先代から相続したもので一郎個人の単独所有となっているとします。

この場合、一郎が太郎に事業承継をするには、まず、一郎の持っている自社株式の大部分を太郎に移転させなければなりません。その方法として、太郎が一郎から適正な価格で売買によって一郎の保有する自社株式を取得するのであれば、そのほかの親族との関係で、なんらの問題も生じません。

しかし、一郎が生きているうちに太郎に贈与する生前贈与の場合は、相続のときに、太郎以外の親族である花子、次郎、陽子から相続人の権利として遺留分を請求されるおそれがありますので、それをどうやって阻止するのかが問題となります。また、贈与に伴う贈与税をどうやって軽減するかという問題もあります。

また、事業用資産の一部である工場敷地が一郎名義ですので、それを会社が買い取ることも必要となります。

株式会社鈴木工業

工作機械を作っている会社、従業員20名、25年前に設立。会社の業績は近年伸び悩みぎみ、社長（鈴木一郎）からの借入金もある。売り上げ5億円、近年の収支はプラスマイナスゼロ。

工場の建物、機械は会社所有だが、工場敷地は先代から相続したもので、社長個人の単独所有。

第10章

事業承継計画表を作る

これまで検討してきたことをふまえて、事業承継計画を「事業承継計画表」にまとめます。まず、資料を集めて会社の状況を分析し、事業承継計画に記載する「事業計画」「承継の基本方針」「承継の対策」をそれぞれ検討して書き出します。書き出した事項に関するスケジュールの概要を決めたら、事業承継計画表にこれらの事項を記載します。このような作業を通じて、現経営者や後継者は、具体的に事業承継計画を認識することができるようになります。

10-1 事業承継計画作成の前に準備する資料
事業承継計画表の作り方①

事業承継計画を作成する前に、会社の定款、株主名簿、組織図などと、会社の財務資料を手元に準備します。現経営者個人が持っている資産の一覧表（個人資産目録）も事前に作成します。

会社の概要がわかる基礎資料

定款は、株式譲渡などに関する手続きを調べたり、会社法上の諸制度の利用を検討する際に確認のため使ったりすることがあります。

株主名簿は、会社の株式をどのように後継者に承継させるか検討する際に使います。ごく単純な株主構成であれば必要ありませんが、少し複雑な株主構成の場合は、外部専門家に相談する前に作成してください。

組織図や**従業員配置表**は、後継者や幹部の人事配置を検討する際に使います。会社の規模により、いずれかを準備すればよいでしょう。親族のみで経営している小規模企業の場合には必要ありません。

会社の財務資料を準備する

過去3期分の決算書は、会社の財務状態を確認したり、事業の中長期計画を作成したりするのに使います。

万一、決算書に会社の財務状態が正確に記載されていないときは、税理士に聞いて、直近の決算書の主要な項目（資産、負債、資本、売上高、売上総利益、営業利益、経常利益、当期純利益など）だけでも正しく修正したものを準備してください。

現経営者の資産目録を作成する

現経営者の個人資産目録は、相続財産の分配方法を検討するために作成します。まず、現経営者が所有している全資産をリストアップし、**①自社株式、②事業用**

資産（会社への貸付金、事業用に使っている不動産など）、③**個人的な資産**（自宅不動産、預貯金、有価証券、保険など）に分けて、一覧表を作ります。

次に、それぞれの価格（時価）を調べて一覧表に記入します。最終的な資産配分を決定する前（公正証書遺言作成などの前）には、査定をとるなどして正確な価格を調べる必要がありますが、個人資産目録を作る段階では、おおよその価格を記載すれば足ります。

①の自社株式の価格は、ここでは、とりあえず、

（会社の純資産額＋資産の含み益－資産の含み損－未計上債務）÷発行済株式×所有株式数

で概数を算出しておいてください。

②と③の不動産については、固定資産評価額証明書に記載されている評価額が一応の目安になりますが、かなり低く評価されていることがありますから、近くの不動産業者に相場を聞いてみるとよいでしょう。生命保険の死亡保険金は相続財産ではありませんが、個人資産目録には、参考のために保険金額と受取人を記載しておいてください。

個人資産目録

	資産種目	時価（円）
自社株式	自社株式 540 株	2,700 万
事業用資産	工場敷地 会社貸付金	8,000 万 500 万
個人用資産	自宅土地建物 預貯金 ○○銀行　定期預金 ○○銀行　普通預金 ○○信用金庫 ・・・ ○○証券投資信託 ゴルフ会員権 保険 ○○生命　終身保険（受取人花子） ○○保険　医療保険	6,000 万 2,000 万 300 万 400 万 700 万 500 万 1,000 万 0

10-2
集めた資料から会社の現状を分析する
事業承継計画表の作り方②

集めた資料をもとに、会社の財務状態を確認します。資金繰りの状況を確認し、損益計算書の期間比較などをして対策の要否を検討します。

もう一度、財務状態を確認する

事業承継計画を立案する前に、準備した決算資料をもとに、もう一度**会社の財務状態を確認**してください。赤字決算が続いて債務超過に陥っていたり、資金繰りが逼迫していたりする場合は、**事業承継計画を作る前に事業再生を行って、問題を解消しなければなりません**。財務内容に大きな問題がある企業は、現経営者の対外的な信用力でかろうじて経営が維持されていることが多く、これをそのまま承継させようとすると、経営者の交代を契機として倒産にいたるおそれがあります。後継者も、事業承継が終わって個人保証を引き継いだとたんに会社が倒産したのでは浮かばれません。

事業を承継させる前に会社の財務を健全化するのは、承継させる現経営者の責任でもあります。

過去3年分の損益計算書の数値を比較する

事業再生までは必要なくても、**過去3年分の決算書の数値を比較**してみて、売上高、売上総利益、営業利益、経常利益のいずれかが減少しているようなら、原因を探り、対策の要否を検討してください。

たとえば、売上高が減少していて、それが国内マーケット全体の縮小によるもので今後も売上高を回復させることが困難だという場合には、販管費を削減するなど、売上高減少という環境のもとで営業利益を確保する方法を検討しなければなりません。具体的な対策については、事業の中長期目標として決定することになります。

同業他社の財務内容と比べてみる

決算書の経年推移を見るだけでなく、**同業他社の財務内容と自社のそれを比較**してみると、会社の財務特性が明らかになります。

自社の経常利益率が業種別経常利益率より低い場合には、業務改善の余地があるかもしれません。税務や会計の専門家の手を借りて他のデータも集め、原因究明を試みるとよいでしょう。

また、**業種別平均売上高**や**前年売上高比率**は、業界全体の動向を表すものともいえます。業界の平均売上高の増減傾向と、自社の売上高の増減を比較し、自社の商品やサービスの競争力を確認してみましょう。もっとも、売上高のみではなく、限界利益率なども確認し、より多くの利益が確保される商品やサービスの構成を考えることも大切です。

同業他社の財務内容は、「**TKC経営指標（BAST）**」（TKC全国会）や「**業種別審査事典**」（株式会社きんざい）などが参考になります。

損益計算書の期間比較

	21期（2015年○月～2016年○月）	22期（2016年○月～2017年○月）	23期（2017年○月～2018年○月）	傾向
売上高	495,000,000	498,000,000	500,000,000	若干上向き
売上総利益	114,000,000	114,500,000	115,000,000	若干上向き
営業利益	12,400,000	15,000,000	13,000,000	ほぼ横ばい
経常利益	▲ 1,000,000	1,000,000	300,000	横ばい
当期純利益	▲ 1,000,000	500,000	0	横ばい

10-3
事業承継計画に書く事項をまとめる
事業承継計画表の作り方③

事業承継計画には、①承継させる「事業」の事業計画と、②「承継」の具体的方法とその「承継」に必要な対策を書くことになります。承継に必要な対策については項目ごとに書き出してまとめておきます。

事業の中長期計画と承継の基本方針を確認する

「事業承継計画」は、事業の中長期計画に事業承継の時期や対策を盛り込んで作ります。事業の中長期計画は、会社を取り巻く環境の変化を予想し、会社の財務状態を確認したうえで、今後10年程度の事業の方針を決めて作成します。

次に**承継の基本方針**を確認し、書いておきます。これは、**誰に、いつ、どのように承継させるか**ということです。承継時期は、現経営者の年齢、後継者の年齢、事業の中長期計画、承継対策に必要な期間などさまざまな要素を考慮して決めます。

承継に必要な対策を書き出す

最後に、事業承継を円滑に行うための対策と、その実施時期を書き出して、項目別にまとめます。親族内承継、社内承継、そのほかの各場合に応じて、とらなければならない対策は異なりますが、**①関係者の理解を得るための方策、②後継者教育の方法、③現経営者の資産（自社株式、事業用資産、個人用資産のすべて）の分配方法**は、承継方法にかかわらず必ず記載すべきです。

関係者の理解を得るための方策とは、後継者本人の了解を得た後に、後継者以外の親族、会社の役員、会社の従業員などに対して、親族会議や役員会議、そのほかの機会を通じて次期後継者を告げ、場合によっては個別に関係者と話し合って理解を得るなどの方策をとることです。これは、現経営者が元気で発言力のあるうちに行う必要があります。後継者を役員に抜擢するなどして、会社の内外に方針を浸透させることも含まれます。

後継者教育の方法は、「社内教育」と「社外教育」（研修など）の双方についてその方法を検討します。「社内教育」については、会社の全容把握に必要な業務経験を積ませるという観点から、後継者に経験させるべき部署や担当業務を書き出します。

社内関係者の理解が得られたら、早めに後継者を役員に選任し、現経営者と共に「経営」を経験させることも大切です。

現経営者の資産の分配方法は、現経営者の個人資産分配の基本方針を決め、基本方針の実施に必要な対策（生前贈与、遺言作成など）を検討します。後継者に自社株式と事業用資産を集中させるのが資産分配の基本ですが、後継者以外の相続人の遺留分を侵害しないよう配慮しなければなりませんから、現経営者の個人資産の一覧表を基に、専門家を交えて調整方法を検討してください。

そのほかにも、課税対策、会社法を活用した株式分散防止策、任意後見契約、M&A実施に向けた会社の資産関係の整理など、承継方法に応じて必要になる対策を書き出してください。

承継計画作成のための整理表

事業の中長期計画	経営理念	高い製品品質を維持し……	
	中長期目標	粗利率の向上を図るため……	
	将来の数値目標	10年で売上高5億円→5.5億円	
		経常利益30万円→1000万円	
事業承継の基本方針	後継者	太郎	
	承継時期	○年目に社長交代、○年目に現経営者引退	
	承継方法	自社株式と事業用資産の贈与・相続	
承継に必要な対策	関係者の理解を得るための方策	親族	親族会議
		社内	役員会議など
		社内教育	営業部配属後役員に抜擢
		社外教育	研修（経営革新塾）
	現経営者の資産の分配方法	基本方針	自社株式と事業用資産は太郎へ、自宅不動産は花子へ、他の資産を次郎と陽子へ
		対策	公正証書遺言 遺留分算定合意手続き
	課税対策	特例事業承継税制 相続時精算課税	
	その他（任意後見・会社の資産整理など）	任意後見契約	

10-4 事業の中長期計画を作る
事業承継計画表の作り方④

後継者に承継させる「事業」の中身を明らかにするため、事業の中長期計画を作成します。まず、核となる経営理念を明確にし、次に会社の現状分析をふまえて、より具体的な中長期目標を設定します。最後に中長期目標を数値化して提示します。

経営理念を明確にする

企業が将来にわたって尊重すべき**経営理念を明確**にします。現経営者の経営に対する想いや信条などを短く文章化してください。ただし、あまり抽象的なものではなく、経営の方向性を読み取ることのできるものにする必要があります。

第9章末のコラムの鈴木工業の場合なら、「高い製品品質を維持することで顧客の信頼にこたえる」などとなるでしょう。

経営理念の明確化によって、後継者や従業員が、企業の進むべき方向性を理解し、承継前後の企業経営において志を1つに団結することが期待できます。

事業の方向性と具体的な経営方針を決定する

次に、**事業承継前後の事業の方向性**を決定します。中長期目標を設定する際には、まず、企業を取り巻く環境が今後どのように変化するかを予測し、その中で事業をどのように発展させるか考えます。**SWOT分析**と呼ばれる手法を使うのがよいでしょう。これは、**企業の内部要因としての強み（Strength）**と**弱み（Weakness）**、**外部環境における機会（Opportunity）**と**脅威（Threat）**をそれぞれ書き出して、対策を検討する手法です。そのうえで、経営方針や営業方針の転換の要否を決め、今後10年程度の間の**経営に関する具体的方針**を定めます。複数の方針を定めてもかまいません。企業の財務状態に問題がある場合は、その対策も具体的に決めます。

鈴木工業では、業況から販売台数の大幅な増加は見込めないため、「現在の主力製品Aをより付加価値の高い製品Bにシフトさせ、粗利率の向上を図る」などと定めました。

中長期目標を数値にする

事業の方向性を定め、経営方針や営業方針転換の要否を決めたら、その方針などを**将来の数値目標として表します**。数値目標化する項目は、業種や事業規模によって異なりますが、まず、①売上高、営業利益、経常利益、借入金残高など**決算書の主な項目の数値目標**を記載し、必要に応じて、②店舗数、マーケットシェア、取り扱い商品のシフト状況など**将来の営業方針と密接に関連する数値目標**をとりあげます。営業利益や経常利益の試算が難しい場合は、税理士や公認会計士に手伝ってもらうとよいでしょう。ただし、ここで設定する数値目標は、資金計画を検討するためのものではなく、事業規模の拡大や縮小、営業方針の変更などを具体的にイメージするためのものですから、過去の決算書の数値を参考にして、おおよその目標を設定することで足ります。

鈴木工業の場合には、主力製品シフトによる粗利率の向上を反映させた決算書の数値目標を設定するほか、製品Aと製品Bの目標販売台数を数値化して記載することなどが考えられます。

SWOT分析の例

強み(Strength)	機会(Opportunity)
△△工作機械については、○○業界で高い評価を得ている。社長と取引先との間に強い信頼関係がある。	顧客が○○業種に偏在しているが、類似の××業種のニーズを取り込んだ製品を開発することによって、××業種に対する新規顧客開拓が可能。
弱み(Weakness)	**脅威(Threat)**
特定の技術者個人に依存した技術であり、その技術者の退職によって技術力が低下するおそれがある。	○○業種の国内マーケットの縮小。

10-5 承継スケジュールの概要を決める

事業承継計画表の作り方⑤

現在から現経営者引退までのスケジュールの概要を決めます。まず現経営者の引退時期を決め、各種の事業承継対策を引退時期までのどこで実施するか決めていきます。スケジュールの概要が決まったら、事業承継計画表を作成します。

いつからいつまでの承継計画を作るのか

現在から現経営者が完全引退するまでの計画を立てます。場合によっては、引退後の経営ビジョンを明確にするために現経営者の引退後も含めた計画を作成することも考えられますが、他の関係者にも計画表を見せることがあるので、基本的には引退後の経営方針を今から縛るようなことはせず、引退後のことは後継者に任せるくらいでよいでしょう。

現経営者の引退時期を決める

現経営者の年齢、後継者の年齢、中長期計画における重要ポイントなどを考え合わせて、**現経営者の引退時期を決めます**。引退といっても、社長から一気に完全引退するケースもあれば、社長を後継者に譲って会長に退き、会長や相談役を経て徐々に引退するケースも考えられます。徐々に引退する場合には、完全に引退する時期と、社長交代の時期の両方を決めることになります。

引退時期については、事案によってさまざまな事情を考え合わせなければならず一概にはいえませんが、**65歳から70歳くらいまでの間に承継を完了させるのが理想的**だと思われます。

承継時期を遅く設定した場合、設定した承継時期以前に、現経営者が健康を害するなど不測の事態が生じると、せっかく作成した承継計画が意味のないものになってしまうおそれがあります。承継時期を遅く設定するということは、そのようなリスクを多く抱えるということだと思ってください。

承継対策を実施すべき時期を決める

現経営者の引退時期に合わせて、種類株式の発行、現経営者から後継者への株式の承継、個人資産の分配、後継者の教育や処遇（配置、役職）、関係者への理解を求める施策、そのほか個人保証の承継や解消など、**各種の承継対策を実施する時期を決めます**。株式や事業用資産の移転は、多額の税金を払わなければならないことがあるので、時間をかけて計画的に行う必要があります。後継者教育や個人保証債務の返済も一朝一夕にできることではありません。それぞれの**承継対策に要する期間**を考えて、現経営者の引退時期までに間に合うよう実施時期を決めます。場合によっては、引退時期を少し後ろにするなどの調整をしなければならないこともあるでしょう。

事業承継計画表を作成する

引退時期と各種承継対策についてのおおよそのスケジュールが決まったら、何年目に何をするのか明らかにするために事業承継計画表を作成し、承継計画を具体化させます。

承継スケジュールの概要

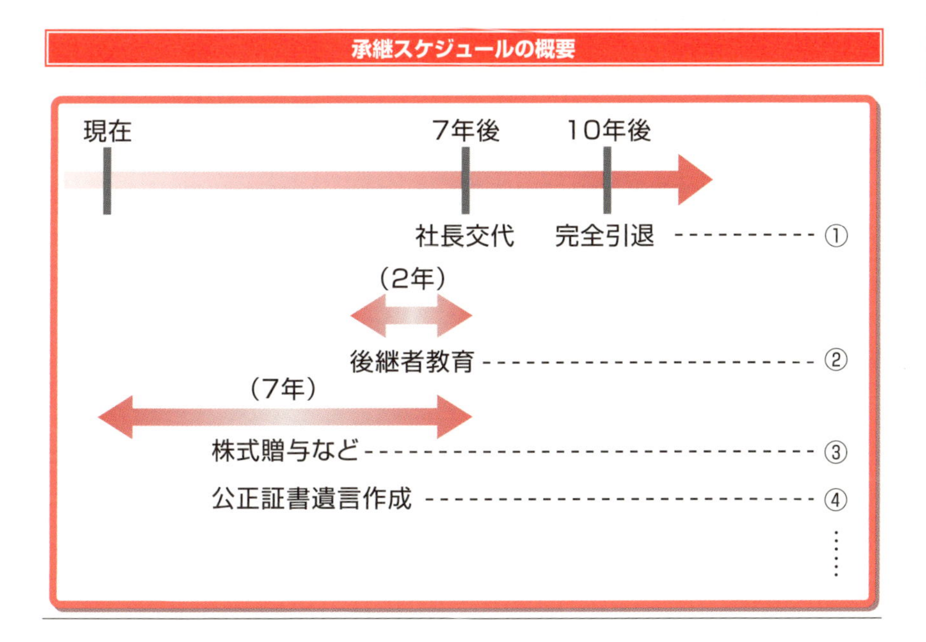

10-6 事業承継計画表を作る
事業承継計画表の作り方⑥

事業承継計画表を作成します。時間軸を横にとり、これまでにまとめた記載事項をスケジュールに合わせて具体的に記載していきます。事業承継計画表は、不完全でもよいので一度作成してみてください。

事業の中長期目標と承継の基本方針を書く

事業承継計画表の冒頭に事業の中長期目標と承継の基本方針を記載します。承継の基本方針とは、いつ誰に承継させ、現経営者が完全引退するのはいつかという承継のポイントになる部分です。計画表作成の指針になるうえ、完成後、第三者が見たときにポイントがわかりやすくなります。

計画表の枠組みを作り、事業計画の要点を書く

事業承継計画は、数年に及ぶ計画ですから、時間軸を横にとって、何年目に何を実施するのかわかるよう、**年ごとに1列ずつ枠を設けて記載**していきます。月単位の詳細な計画が必要な場合には、施策ごとに別途短期計画を作成してください。一番左の列を「現在」として、引退完了時期まで1年ごとに枠を作成します。

縦軸の一番上に事業計画を記載する欄を設けます。売上高、経常利益など決算書の数値目標の主なものを記載するとよいでしょう。また、重要な営業方針の転換などを予定している場合にはそれも記載してください。

会社として実施すべき対策を書く

次は、事業の承継計画と承継対策を記載します。まず、定款変更、種類株式の発行、自己株式の取得や消却、経営承継円滑化法関連手続きなど、**会社が実施すべき承継対策**を記載するとよいでしょう。

会社と現経営者の資産混同を解消するため、会社が現経営者から事業用資産を買い取る計画がある場合には、会社の実施すべき対策や、現経営者の資産分配に

関する対策の欄にも事業用資産の売買を記載します。

現経営者、後継者と関係者に関することを書く

現経営者については、まず、**年齢、役職、持株数（持株割合）**などを記載します。

次に、**資産の分配に関する対策**など記載する欄を作成し、遺言作成、生前贈与、遺留分算定合意手続きなどの対策を記載します。計画表には、事業用資産の分配に関連する対策のみ記載すればよいですが、必ず、全資産の分配方法を別途検討し、計画表とくいちがいのないようにしてください。任意後見契約の締結を予定している場合は、資産分配に関する対策と共に記載しておくとよいでしょう。

後継者については、**年齢、役職、配置（担当業務）、持株数（持株割合）**のほか、**後継者教育に関する対策**を記載します。

親族会議、役員会議の実施、社内への計画発表、取引先や金融機関への紹介など、関係者の理解を得るための対策も記載します。必要な場合には、古参社員の処遇や社内の人事体制一般についても記載するとよいでしょう。

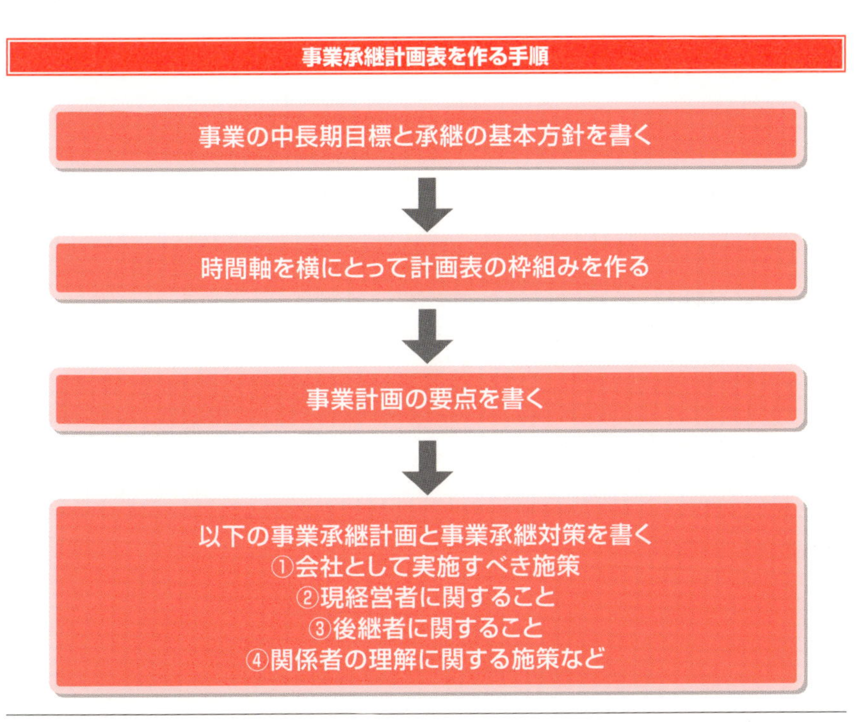

事業承継計画表の例

事業と承継の基本方針						
事業の中長期目標	2026年までに主力製品をA機械からB機械にシフトさせ、粗利率を向上させる。 顧客のニーズにあった付加価値を提案し、受注を伸ばす。 ホームページの充実、展示会出展などを積極的に行い、販路を拡大する。 工場部門の次世代育成を強化し、現場の世代交代を円滑に進める。					
承継の基本方針	太郎に承継させる。 7 年目に社長交代し、一郎は10 年後に完全引退する。					
事業年度		2019年 (現在)	2020年	2021年	2022年	2023年
事業計画	売上高(千円)	500,000	507,000	514,000	521,000	528,000
	粗利(千円)	115,000	120,000	122,000	124,000	126,000
	経常利益(千円)	300	1,000	1,800	3,000	4,500
	A機械販売台数	70	60	50	40	30
	B機械販売台数	3	13	23	33	43
会　社	定款変更、株式の発行取得、円滑化法関連手続き、その他(主要な人事異動など)		花子から株式取得(金庫株に)	特例承継計画策定確認申請		小林を専務に
現経営者	年　齢	59 歳	60 歳	61 歳	62 歳	63 歳
	役　職	社長 ――――――――――――――――――――――――→				
	持　株	90%	85%	80%	75%	70%
	資産分配など	公正証書遺言作成				
後継者	年齢	34 歳	35 歳	36 歳	37 歳	38 歳
	役職・配置	工場勤務	営業部	営業部長	取締役	常務
	持株	5%	10%	15%	20%	25%
		←――― 株式買取・受贈(暦年課税制度) ―――				
	後継者教育		得意先把握		管理部門担当	経営革新塾
関係者の理解 (社内・親族・その他)		親族会議			社内へ承継計画発表	

2024年	2025年	2026年	2027年	2028年	2029年
535,000	542,000	547,400	548,000	550,000	550,000
128,000	130,000	132,000	135,000	138,000	138,000
6,000	8,000	8,500	9,000	10,000	10,000
20	10	3	0	0	0
53	63	70	73	75	75
		円滑化法 知事認定 申請	← 円滑化法年次報告書提出 →	工場敷地 買取	
64 歳 → 65%	65 歳 → 60%	66 歳 →会長→ 0%	67 歳 →	68 歳 →相談役	69 歳 引退
	任意後見 契約	株式60%贈与		工場敷地売却	
39 歳 副社長→ 30% →	40 歳 → 35% →	41 歳 →社長→ 95% 株式60%受贈	42 歳 → 95% 贈与税納税猶予制度・ 相続時精算課税制度	43 歳 → 95%	44 歳 → 95% →
取引先・金融 機関に次期 社長として 太郎を紹介		遺留分算定 合意			

10-7 短期計画を立てる

事業計画と後継者教育は短期計画が効果的

事業承継計画表を作成したら、必要な項目別に今後数年間の短期計画を作成します。とくに、事業計画と後継者教育は、短期計画を作成すると効果的です。

目標に合わせて事業の短期計画を立てる

短期計画が必要なのは、承継計画よりも主に「**事業計画**」の方です。事業計画の中で、「売上を伸ばす」「販路を拡大する」「リストラを断行する」などと書いて目標数値を設定しても、その具体的方法を決めて、短期計画を立てなければ目標達成は困難です。事業計画に記載した目標に合わせて、今後数年間で、①**誰が（実施者）**、②**いつ（時期）**、③**何をするか（方法）**を短期計画にまとめてください。

たとえば、「売上を伸ばす」という目標のために、ターゲットにする顧客業界のニーズを再調査し、その結果をもとに新製品の開発を行うことにした場合、営業部門による調査のスケジュールと製造部門による開発のスケジュールを具体的に定めることになります。店舗数を増やす計画がある場合には、マーケティングや出店場所確保に関するスケジュールを決めることになるでしょう。

事業の短期計画は、後継者と短期計画の実施担当者（責任者）を交えて、できるだけ具体的に作成してください。

後継者教育の短期計画を立てる

「承継計画」の中で、短期計画を作成した方がよいのは、**後継者教育**です。配置や担当業務（工場統括、営業など）の概要については事業承継計画表に記載しましたが、年間の教育内容の具体的なところは、必要に応じて月単位の短期計画を作成してください。「営業部配属後○月までに、全得意先へのあいさつを終える」、「○月から○月までは、ベテラン社員Aについて○○業務をマスターする」など、承継完了までの限られた期間で、後継者に会社の全容を把握させ、営業力もつけさせるための計画を具体的に考えます。

後継者や後継者の教育に当たる人にあらかじめ教育計画を示せば、これらの人が後継者教育の目的や内容を理解し、教育の実効性をあげることもできます。

そのほか計画的に進めるべきこと

親族会議、役員会議、役員の刷新などは、それ自体は1日程度で終わってしまうことですが、関係者の心情に配慮してそれなりに準備や根回しをしようとすると、数か月かかることが予想されます。短期計画を作成するまでのことは必要ありませんが、**最終目標時点を決めて準備を進める**ようにしてください。

また、事業承継に向けた社内体制の整備、たとえば、現経営者が個人資産として工場用地を無償で会社に使用させている場合に会社がこれを買い取ったり、会社の遊休資産を処分したり、不良資産を償却したりすることなども、税理士などと相談して実行年度を調整し、計画的に進める必要があります。

後継者教育に関する短期計画

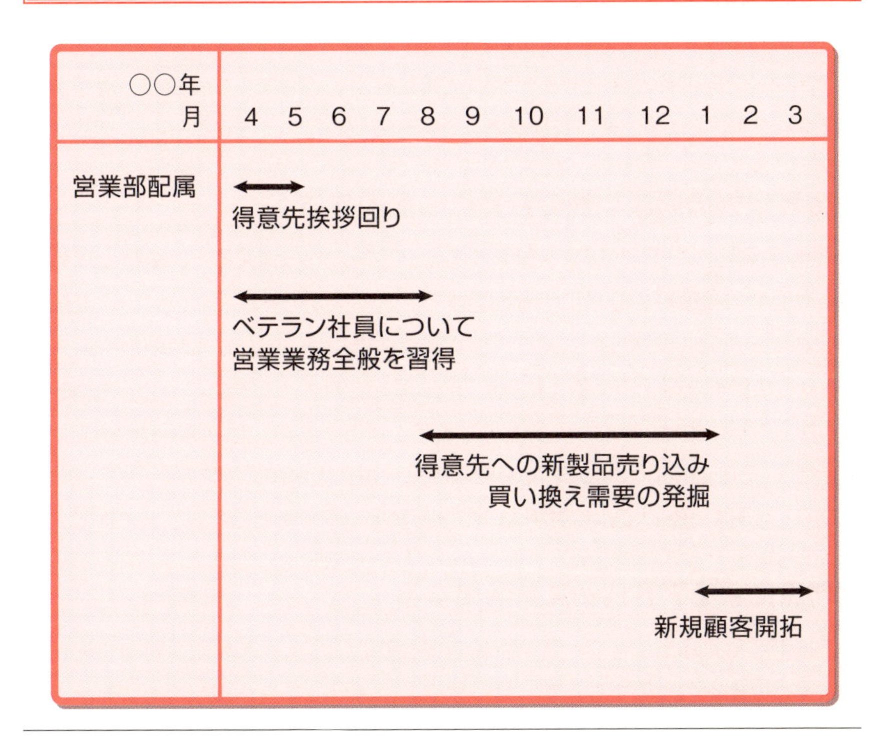

10-8 承継計画を作成するときの注意点
事業承継を成功させるためには

事業承継計画を作成する際には、後継者の意見をよく聴くことが大切です。後継者以外の親族や他の会社役員の心情にも十分配慮してください。法律や税務などの専門的な問題については、外部専門家のアドバイスを受けるようにします。

後継者と認識を共通にしておく

事業承継計画は、後継者に事業を円滑に承継させるためのものですから、後継者のもとでの経営を安定させるために作成するものといっても過言ではありません。

したがって、事業承継の方法や時期、事業の中長期計画など、**事業承継計画に盛り込む事項**については、**後継者とよく話し合って認識を共通にしておく**ことが大切です。事業承継計画表も、後継者と共に作成するのが理想です。また、可能なかぎり、現経営者と後継者が一緒に企業を経営する時間を長く持ち、現経営者の経営理念を、実体験を通じて後継者に理解してもらうようにするとよいでしょう。

後継者以外の親族や他の役員にも配慮する

後継者が経営しやすい環境を整備するという観点から考えると、**後継者以外の親族や他の古参役員の心情に十分配慮する**ことも大切です。現経営者の資産配分で後継者を過度に優遇したり、それまで事業に携わっていなかった親族や知人をいきなり古参役員の上部に据えたりすると、承継が終わった後になって、感情的な問題から内紛が生じ、経営が不安定になることがあります。他の関係者の意向にも耳を傾け、その心情に配慮しつつ、必要な施策（事業用資産の後継者への集中など）については時間をかけてよく説明し、関係者から理解が得られるよう努めます。

専門家によるアドバイスを活用する

これまで見てきたように、事業承継の場面では、さまざまな法律問題や税務問題が複雑に絡み合って生じます。せっかく事業承継計画を作成しても、見落とされている問題があると、計画が全く無意味になったり、根底から方針が覆ったりする事態になりかねません。しかし、弁護士、公認会計士、税理士などの専門家にアドバイスを依頼すれば、そのような事態は、まず防止することができます。事業承継計画を作成する際には、**専門家の意見を聴く機会を必ず持つようにすべき**です。完成した計画を確認してもらうことができれば、さらに安心できます。

なお、弁護士などの外部の専門家は、職務上守秘義務を負っていますから、親族や社内関係者には話しにくい事情でもざっくばらんに打ち明けて相談することができます。資産配分案などは、方針が決まる前に関係者に漏れると感情的な紛争に発展しかねませんが、このような問題についても、悩むことがあれば早期に外部専門家に相談してください。また、外部専門家は、社内の関係者からは指摘しにくい問題について、専門的経験に基づいて意見することができます。「外部」または「社外」であることをうまく利用するつもりで、専門家にアドバイスを依頼してください。

専門家のアドバイスを受ける

資産配分が悩ましいが
家族には相談できない…

現経営者の意思能力が低下した
ときの対策も考えておいてほしいが
私の口からはいえない…

専門家に相談

自社株式をもっと後継者に
相続させるべきです。
その代わりに…

任意後見契約をしておいた
方がよいですよ。

経営者の意思能力が低下したらどうなるか

個人差はあるものの、誰でも加齢などにより判断能力が低下することはあります。

病気、事故、加齢などで判断能力が低下し、1人で財産管理をすることが難しくなった場合、誰かが本人に代わって財産管理をしたり、本人の行う財産管理を補助したりすることが必要になります。

民法は、このような場合に本人の財産権を保護するための制度として、次の3類型の**法定後見**制度を設けています。

後見：意思能力（事理弁識能力）のない状態になった人に適用されます。
後見が開始されると、被後見人の行った行為は、日常生活に関する行為を除いて取り消しの対象となります。また、会社との関係では、取締役の資格を失います。

保佐：意思能力（事理弁識能力）が著しく不十分な人に適用されます。
保佐が開始されると、被保佐人の行う重要な行為については保佐人の同意を得なければならず、保佐人の同意を得ないで行った行為は取り消しの対象となります。また、会社との関係では、取締役の資格を失います。

補助：意思能力（事理弁識能力）が不十分な人に適用されます。
補助が開始されると、被補助人の特定の行為について補助人に同意権や取消権が付与されますが、取締役の資格は失いません。

上記3つの**法定後見**制度では、関係者からの申立てを受けて、家庭裁判所が後見人などを選任します。これらのほかに、判断能力が低下したときに備え、本人が、あらかじめ信頼できる人（親族・弁護士など）に後見人になってもらう契約をしておく、**任意後見**の制度もあります。

経営者の意思能力が突然低下してしまうと、その経営者の所有している株式や事業用不動産の管理・処分に支障が生じることも考えられます。

そのような事態に備え、経営者の方は、あらかじめ財産管理の方針を決めて、信頼できる人との間で任意後見契約を締結しておくとよいでしょう。

第11章

事業再生してから事業承継する

会社の現状を分析した結果、倒産の危険があることが判明した場合には、事業承継を考える前に事業再生を検討する必要があります。事業再生とは、企業が経営に行き詰まった原因を分析し、その原因を取り除くために、①経営の再構築、②営業の再構築、③財務の再構築を行い、事業を再び軌道に乗せることです。

11-1 そのまま承継させてよいか見極める
事業再生が必要な会社とは

倒産するおそれのある事業をそのまま後継者に継がせてはなりません。事業承継を考える前に事業再生に着手し、経営健全化の見通しを立ててから承継させるのが現経営者の責任です。

事業再生とは

事業再生とは、経営の苦しい企業が、その苦しくなった原因を突き止めてそれを取り除くことができるか検討し、取り除くことが可能であれば、**企業の経営、営業、財務の各体制を立て直して事業を再び軌道に乗せること**です。

では、事業再生の必要な経営の苦しい企業とは、具体的にどのような企業でしょうか。

一言でいえば、それは、放置すると倒産するおそれのある企業ということになります。倒産というのは、支払うべき債務を払うことができない状態ですから、赤字が累積して過度の債務超過に陥っているとか、今はなんとか自転車操業をしているが、近い将来資金ショートして破綻する可能性があるといった場合には、それは事業再生の必要な企業だということになります。

事業承継は事業再生を検討するチャンス

ところで、事業再生の1つの柱となる「経営体制の立て直し」には、経営者の交代も当然に含まれてきます。事業再生のために金融機関などから債務の一部免除をしてもらう場合には、経営責任を明確にするという意味で現経営者の退任を求められることもあります。つまり、**事業再生を行う際には、経営者の交代、すなわち事業承継も同時に行われることが多い**のです。

反対にいえば、現経営者の高齢化などの理由で事業承継が必要になっている場合は、事業再生が必要ないか検討する好機でもあります。事業再生の過程で経営者の退任を求められる可能性があるのであれば、それは、経営不振の原因について最も責任のある現経営者の退任をもって行うべきですし、現経営者としても、経営安定化への道筋を付けて後継者に事業を承継させる責任があります。

事業再生着手の必要性が切迫していなくても、早めに事業再生に着手することによって、債権者らに与える損害を最小限に食い止めることができます。また、一般的に着手が早いほど広い選択肢の中から対策を検討することができるといえます。

後継者を確保するためにも必要な事業再生

事業再生の必要な企業は、後継者を確保するためにも、事業承継について考える前に事業再生についてきちんとした見通しを立てることが必要です。親族などその企業に特別な思い入れのある人以外は、倒産するおそれのある事業を継ごうとは考えないでしょう。会社の借入金については、代表者が保証人となることが多いので、会社が倒産すれば、後継者も会社と共に破産することになり、それまでに後継者が蓄えた個人資産もすべて失うことになるからです。

親族内などに後継者が一応確保できている場合でも、経営の安定化にいたる見通しを立ててから事業の引き継ぎを行うのが、現経営者の責任です。

事業承継の前に事業再生を

11-2 事業再生の可能性を見極める

どんな会社なら再生できるか

可能性のない事業再生を試みて、会社から資産を流出させることは許されません。事業再生の過程で債務を一部免除してもらう場合でも、免除後の債務を営業利益の中から支払っていく体制を作る必要があります。

可能性のない事業再生を進めることはできない

事業再生が必要な企業でも、その企業が再生可能でなければ、事業再生に着手することはできません。たとえ着手したとしても失敗に終わり、再生のために費やした期間に会社資産を食い潰すことになるからです。従業員の雇用を守りたいとか、取引先に迷惑をかけたくないという心情はよくわかりますし、苦労して守り育ててきた事業を廃業するのは耐えがたいものだとも思います。しかし、**可能性のない事業再生を試みて資産流出を生じさせ、債権者の損害を拡大させることは許されません。**

営業利益はプラスか

まず、**営業利益***がプラスになっているかどうか確認してみましょう。営業利益がプラスかどうかというのは、本業でのもうけが出ているかどうかということです。

もし、営業利益がマイナスになっていたら、早急に、**①経営の再構築、②営業の再構築、③財務の再構築**を行わなければなりません。それでも、営業利益を確保できる具体的な見通しが立たない場合は、廃業を検討すべきです。たとえ、しばらくは資金ショートを免れるという場合でも、営業利益マイナスのまま営業を続ければ会社に残っている資産を外部に流出させることになります。

どれくらいの営業利益が必要か

事業再生の可能性は、最終的には会計の専門家によって検証されるべき事柄です。しかし、営業利益の中から、借入金の返済をしなければならないのですから、

***営業利益**　損益計算書に記載されている決算項目。売上総利益（粗利）から、販売費及び一般管理費を差し引いたもので、「本業でのもうけ」に当たる。

営業利益がマイナスにはならないけれど、さほどプラスも出ないということでは、再生は困難です。債権者らに債務の一部免除を依頼せざるを得ないとしても、**免除後の残債務を払っていくだけの営業利益**を確保する必要はあります。

仮に債務の8割を免除してもらうとしても、残りの2割を支払っていく必要があるのです。しかも、債務の免除に応じてもらえるのは、担保権でカバーされていない債務に限られます（図参照）。

また、債権者らに債務の一部免除を同意してもらうためには、今廃業して清算したときに一括で返済できる金額よりも、数年かけて分割で返済する一部免除後の残債務額の方が債権者らにとってメリットがある（有利な）金額でなければなりません。

ほかにも事業再生実行のための条件はありますが、最低限、これらの条件をみたす返済計画を債権者らに提示できるだけの営業利益を確保することが必要となります。

債務の一部免除のイメージ

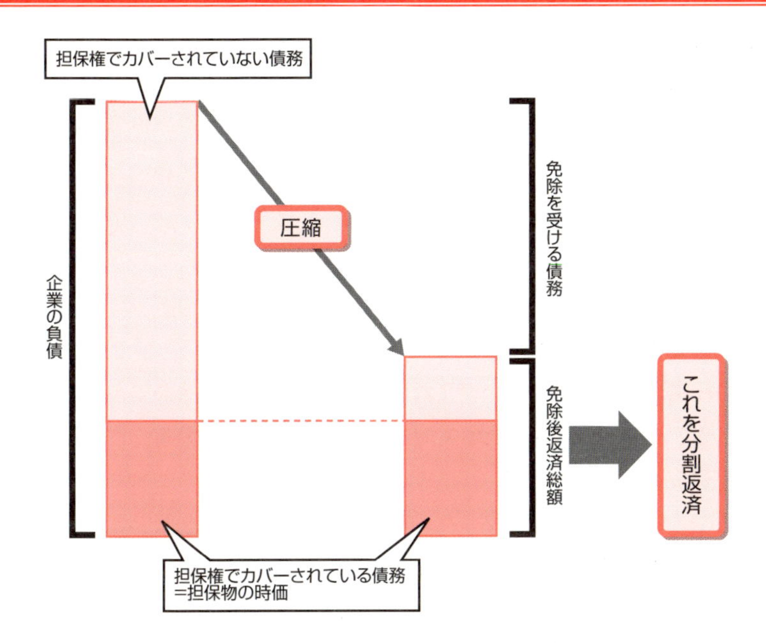

11-3 経営の再構築
事業戦略を立て、組織を適正化する

経営の再構築は、①事業戦略の検討、②それに合わせた組織の適正化という2つの面から検討して行います。組織の適正化は、現場ばかりでなく経営陣についても検討しなければなりません。

これまでの経営スタイルを変える

経営の再構築とは、経営スタイルを変えるということです。これまでの経営スタイルが事業再生の必要な事態を招いたのだとしたら、その経営スタイルを変えなければ事業を再生させることはできません。経営の何を変えるかは、**事業戦略**と**組織の適正化**という2つの面から考える必要があります。

事業戦略を検討する

事業の戦略は、**事業機会、事業領域、事業確立などの観点から検討**します。これは、市場における自社の強み、企業の提供する商品やサービスと市場ニーズや競合他社との関係、シェアの拡大、独自性の確立方法などを検討するということです。**SWOT分析***も参考になります。

事業戦略に合わせて組織を適正化する

事業戦略を検討したら、その事業戦略に合わせて、ヒト、モノ、カネ、情報、技術などの**経営資源についてその適正な配分**を考えます。組織を維持するために事業を行うのではなく、検討した事業戦略に合わせて組織を効率化させるという発想で考えてください。

ところで、組織の効率化というと、すぐに人件費の削減を思い浮かべるかもしれませんが、まずは企業内調整による効率化を検討すべきです。過剰な部署から必要な部署への人員の異動や、各部署間の伝達・連携の仕組みを確立して情報を活かす体制を作ることなど、企業内で調整できる効率化もあります。

---

* **SWOT分析**　10-4参照。

ただし、このような調整をしてもやはり人件費が高すぎて利益を圧迫してしまう場合は、人件費の削減にも手をつけなければなりません。家族ぐるみの付き合いをしている従業員らに人件費削減の申し出をするのはつらいことですが、事業全体の存続や立て直しという観点から、必要な場合には、従業員にも協力してもらわねばなりません。

現経営者の進退はどうするか

なお、組織の効率化は、経営陣についての効率化も当然に含みます。事業再生のために大幅な債務の免除が必要となる場合には、債権者から現経営者の退任を求められることもあります。しかし、中小企業では、現経営者の人脈などが事業再生を行ううえで不可欠な場合もあり、そのような場合には、現経営者が残る必要性をよく説明して理解を求めなければなりません。**経営者としての適性を持つ人に経営を委ねる**のが、経営体制立て直しの柱になるので、事業の再生に必要な経営者は誰かという観点から、現経営者は進退を決めるべきです。

事業戦略の検討

事業機会

市場に対する自社事業の相対的な強みと弱味の検討

事業領域

ターゲットになる顧客、競合他社、自社が提供する商品･サービスを検討

事業確立

事業のシェア拡大、事業の特定分野への絞り込み、独自性の拡充を検討

11-4
営業の再構築
収益を上げるにはどうすればよいか

営業の再構築は、売上単価を調整したり、営業の方法や仕組みを変えたり、経費管理を検討したりすることで行います。場合によっては、ビジネスモデルを転換させて事業の基本的な枠組みを変えてしまうことも考えられます。

売上を上げる方法と経費を圧縮する方法

営業の再構築とは、**利益を生み出す事業の仕組み**を検討して、これを組み替えることです。より大きな利益を確保するためには、売上を上げる方法と経費を圧縮する方法のそれぞれについて考える必要があります。

単価と数量を調整し、営業スタイルを変える

売上高を増加させようと思ったら、まず初めに考えるのは、単価を上げたり、販売数量を増加させたりする方法を検討することでしょう。具体的には、商品に付加価値を付けて単価を上げたり、取引先との大口契約を締結して販売数量の増加を図ったりすることなどが考えられます。しかし、単価を上げれば販売数量は減少する関係にあることが多いので、市場の動向と企業の体制から、単価向上と販売数量増加のどちらに重点的に取り組むか、慎重に検討して調整します。

また、売上高を増加させるには、販売責任の明確化、販売方法（商品単位）の変更、工程管理、製造マニュアルの変更などを行って、**営業スタイルを変更**するのも有効です。

経費管理

経費管理としてよく行われるのが、**予算管理**です。事業を黒字化させるための予算を組んで、その達成未達成を継続してモニタリングすることにより、当初の予算どおり黒字の成果を上げることを目的とします。中小企業では、この予算管理に手が回っていないことも多いと思われますが、事業再生を行う場合には、きちんと

予算管理を行うことが必要になります。予算を立てるだけでなく、その管理の実施や未達成の場合の責任体制を明確にしておくことが大切です。

また、仕入れ方法を工夫したり、工程管理や在庫管理を徹底したり、固定費を見直したりすることによって、**経費の削減**を行うことも検討してください。

ビジネスモデルを変える

ビジネスモデル（事業の仕組み）の転換とは、事業の基本的枠組みを変えてしまうことです。収益を生み出す構造そのものを変えてしまうことになるので、売上と経費の双方に大きな影響を及ぼします。ビジネスモデル転換の例としては、製品を作っていたメーカーが製品を購入して売却する卸業になったり、事業を廃止して事業用に使っていた不動産の賃貸業を行ったりすることなどが考えられます。また、不採算事業から撤退して採算事業に特化するのも、ビジネスモデル転換の一種に数えられるでしょう。

ビジネスモデルの転換で収益構造を変える

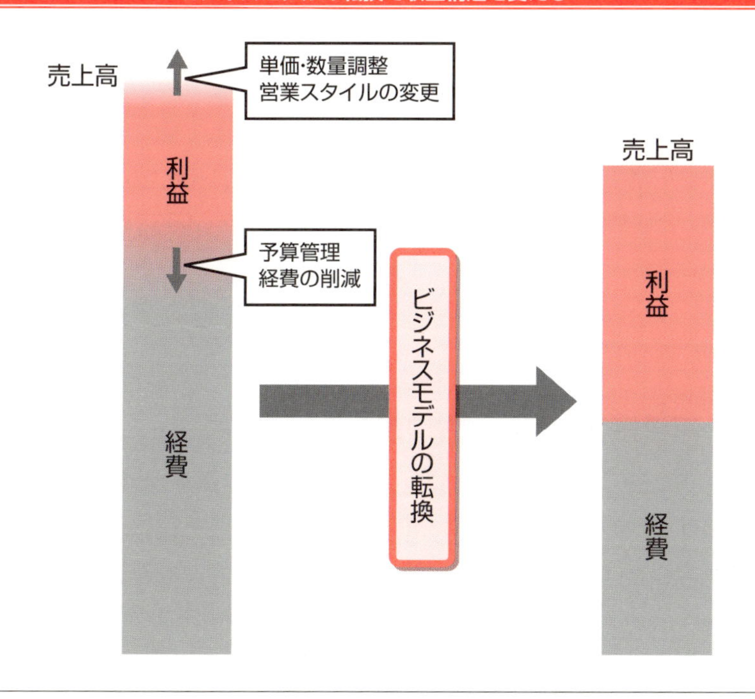

11-5
財務の再構築
負債を減らし、財務を健全化させるには

経営の再構築や営業の再構築を検討した後、最後に財務の再構築を検討します。財務の再構築は、企業の財務状態を健全化させることが目的であって、借金のない会社にすることを目的とするものではありません。

借金のない会社にすることではない

経営の再構築や営業の再構築を検討した後、最後に**財務の再構築**を検討します。

財務の再構築とは、事業の資金構造を組み替えて財務を健全化させることです。しかし、これは、借金のない会社にするということではありません。経営の再構築や営業の再構築後の企業を前提として、企業の負債額が負担可能な債務額の範囲内に収まる状態、つまり、企業が獲得する利益から借入金を順調に払っていくことができるようにすることが目標となります。

企業は、運転資金や設備投資資金を借り入れて、これを使って利益を生み出し、借入金を返済しています。債務を返済する方法には、大きく分けて**資金繰償還**（企業が借入金で購入した物品を転売するなどし、その売却代金を借入金の返済にあてる方法）と**収益償還**（企業が借入金で設備投資などをし、その設備の操業によって得た利益を借入金の返済にあてる方法）の2つの方法がありますが、いずれの方法によるにしても、この債務の返済システムがうまく機能し、回っていくようにすることが目標となります。

財務の再構築にはどんな方法があるか

財務の再構築の方法としては、**買掛金の条件変更***や**資本の増強***なども一応考えられます。しかし、取引先が中小企業の場合には、買掛金の条件変更が取引先の資金繰りを悪化させる可能性がありますし、多くの場合には、その程度の処置では間に合わず、債務そのものを大幅に圧縮してもらう必要があります。また、赤字企業に出資してくれるスポンサーを探すのも実際には困難でしょう。そうすると、

---

* **買掛金の条件変更**　買掛金の支払時期を遅らせてもらうことなどが考えられる。
* **資本の増強**　新たに出資を募って資本金を増やすこと。

財務の再構築は、実質上金融機関による金融支援に頼らざるを得ません。

むろん、金融支援を求めるにあたっては、事業に必要のない会社資産を売却したり、保証人が会社の債務を代わりに返済したり、場合によっては現経営者が個人資産を提供したりして、企業側でできる債務の圧縮はすべて行うことが必要です。しかし、それでも、財務が健全化しない場合は、やはり、金融機関に次のような支援を求めざるを得ません。

金融機関による金融支援

金融機関による金融支援としては、返済方法や返済条件の変更（支払期限の延期など）、金利の減免、**DDS***（債権の劣後化）、債務の一部免除などが行われています。

DDSや債務の一部免除を依頼する場合には、再建計画の実現可能性について、会計の専門家による検証が行われている必要があります。

資金繰償還と収益償還

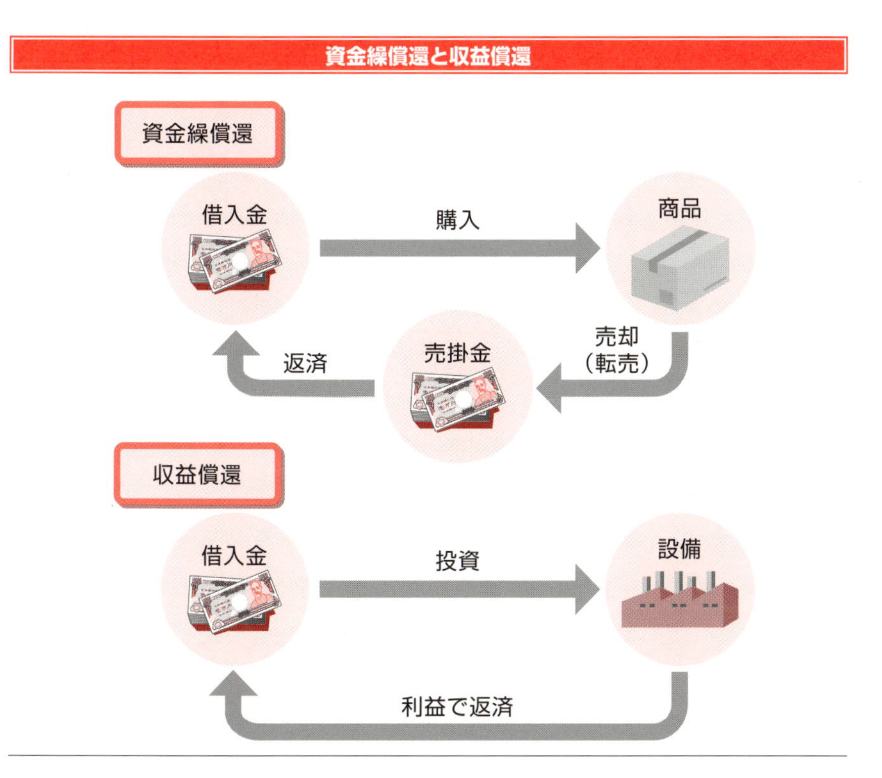

＊**DDS**　Debt Debt Swapの略。

現経営者が突然死亡したらどうなるか

現経営者が後継者と事業承継について十分な準備を行っていない場合は、取引先や従業員との間で混乱が生じるのはもちろんですが、十分な準備をしていても、自社株式についての配慮を欠くと、会社の運営を大きく阻害する事態が生じることがあります。

たとえば、第9章末のコラムの鈴木工業の例によると、現経営者一郎の相続人として妻花子と太郎、次郎、陽子という3人の子供がいて、現経営者が自社株式の90%を所有している状態で、なんらの遺言もなく突然亡くなったとします。そうすると、自社株式は、民法の法定相続分の規定により妻花子1/2、子供である太郎、次郎、陽子の3人が各1/6ずつ相続することになります。

しかし、一郎の保有する自社株式が540株あった場合、妻花子が270株、子供3人が各90株相続するのではないことに注意しなければなりません。相続の手続きが終了するまで1株を相続分（相続の割合）にしたがって共有することになり、議決権を行使する人を共有持分の過半数をもって定めるということになります。

したがって、妻花子と子供のうち、後継者の太郎と仲の悪い陽子が共謀すれば、540株について自由に議決権を行使することができるのです（妻花子は1/2の共有持分を持っているので、子供の1人である陽子を味方につければすべての株式を自由に行使することができます）。逆にいえば、太郎が後継者であっても、一郎の妻花子を味方につけなければ、会社の運営を安定して行うことができなくなってしまうのです。

このような事態を避けるために、現経営者一郎は自己の持つ自社株式すべてを、後継者である太郎に生きている間に贈与することが考えられます。これがいわゆる自社株式の生前贈与です。しかし、この場合は、妻やそのほかの子供の遺留分（民法で決められた相続人の最低限の取り分）を侵害することになりますので、それについての対策も必要となります。

第12章

実際の相談スケジュール

これまで事業承継の実施方法について見てきましたが、事業承継の際に発生する問題は千差万別です。中には法律問題や税金問題などの専門知識が必要な問題もあり、すべての問題に現経営者が1人で対応するのは困難です。事業承継を進める際は、企業の内部・外部の人的資源を利用して、事業承継の相談を上手に行っていくことが重要なポイントとなります。この章では、何を、いつ、誰に相談すべきかなど、事業承継の相談スケジュールの概要について見ていきましょう。

12-1
何を相談すべきか
相談事項はたくさんある

事業承継を現経営者が1人で通常業務のかたわらで検討するのは大変です。かといって現経営者が事業承継にばかり気を取られて通常業務に手が回らなくなっては本末転倒です。負担軽減のためにも、相談すべきことは相談できる人に相談しましょう。

検討が必要なことは？

①後継者の選定

後継者を親族内から選ぶか従業員から選ぶか、あるいはM&Aなど外部への事業承継を選択するかは事業承継の第1歩です。

一度後継者を決めてしまえば変更は困難ですので、信頼できる人と十分相談をしたうえで慎重に判断することが必要です。

②後継者教育

後継者を育てる際は、さまざまな視点から後継者のよい点悪い点を見極めてあげることが重要となってきます。

後継者育成プログラムの作成、実行には第三者の意見も入れたいところです。

③承継方法

後継者の選定とも関連しますが、承継方法として、売買を利用するのか、生前贈与や相続か、遺言は書く必要があるのか、M&Aは使えるのか、などを承継計画立案時に決めなければなりません。

専門的な事柄も多く含まれるため、現経営者が1人で判断するのは簡単ではありません。

④税金対策

効果的な税負担軽減措置や納税資金の準備対策などは、専門家への相談が望ましいでしょう。

何を相談したらよいかわからない

以上のように検討が必要な事項をいくつか挙げてみましたが、現経営者の悩みは千差万別で、類型化しきれるものではありません。そもそも何を相談したらよいかわからないという場合も多いと思います。

「事業承継を考えたいが、何から手をつけたらよいかわからない」というのも立派な相談内容です。

1人で悩んでも話はなかなか進みません。「適当な後継者を探したい」という程度の漠然とした相談でもいいので、とにかく第三者に相談してみると自分の考えも整理され、問題点が明確になってくるかもしれません。とくに専門知識を要する事項は、相談をしないとそのまま準備不足となりがちです。

はじめの相談は家族でもいいですし、漠然とした希望の段階で専門家に相談しても問題はありません。

とにかく事業承継の話をしてみることです。

事業の承継に関する過去の相談相手（後継者決定・未決定）

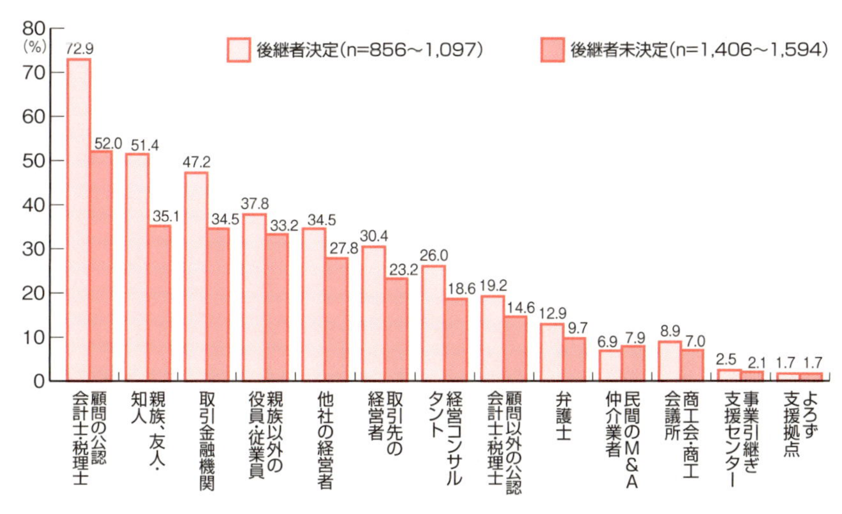

出典:中小企業庁『2017年版中小企業白書』より　中小企業庁委託「企業経営の継続に関するアンケート調査」(2016年11月、(株)東京商工リサーチ)

12-2

いつ相談すべきか

55歳を超えたら事業承継対策を

企業を主宰する経営者にとっては、50代60代はまさに脂が乗った時期で、事業承継を検討する緊迫性などないのが通常です。しかし、遅かれ早かれ事業承継は必ず問題となります。事業承継を思いついたら、少しずつでも相談を始めましょう。

適切な相談時期は？

まず事業承継の相談については、企業によって事情はさまざまであり、早すぎて困るということはありません。また、逆に遅すぎて手遅れということもありません。

ただ、客観的に見れば適当な相談時期というのは存在します。

そこで、早すぎる遅すぎるはないということを踏まえたうえで、一般論として、お勧めの相談時期について考えてみましょう。

55歳を超えたら相談！

事業承継の実行は、後継者の選定、後継者教育の実施、関係者の理解を得る、財産を承継するなどさまざまな事柄を伴います。ある程度しっかりと事業承継を行うためには、**10年程度の時間は必要**です。

ということは、事業承継完了時、すなわち現経営者の引退時の10年前には事業承継計画をスタートしている必要があるということです。

そうすると事業承継の相談は、この現経営者の引退から逆算してその10年前に事業承継計画をスタートすることができる時期に行うべきといえるでしょう。

相談開始から事業承継計画のスタートまでにかかる時間は、これもその企業を取り巻く関係者の状況や従来の対策状況、専門家との付き合いなどによりさまざまですが、少なくとも1年以上の余裕は見ておきたいところです。

現在の中小企業の経営者の引退予想年齢どおりに68歳で引退するとすれば、その10年前は58歳のときです。58歳のときに事業承継計画をスタートさせるとすれば、区切りと時間的余裕を考え、**相談時期は55歳くらいが適当**です。

現経営者のみなさんは55歳を超えたら事業承継を意識しましょう。

相談に遅すぎるはない

さて、55歳を超えたら事業承継の相談時期です、といいましたが、第9章末のコラムの鈴木工業の場合、鈴木一郎社長は59歳です。67歳で引退するつもりの場合、相談は遅きに失することになるのかというと、そんなことはありません。

繰り返しますが、事業承継の相談に早すぎる遅すぎるはありません。たとえ引退まで1年しかない段階で事業承継の相談を思い立ったとしても、何もしないよりははるかによいのです。

時間があればあったなりの事業承継対策があり、時間がなければないなりの事業承継対策があるのです。55歳を超えたらというのは、もちろんお勧めする相談時期ではありますが、1つの目安と考えてください。

本当の相談に適当な時期は、事業承継対策を思い立ったときなのです。

事業承継について誰かに相談している割合（経営者年齢層別）

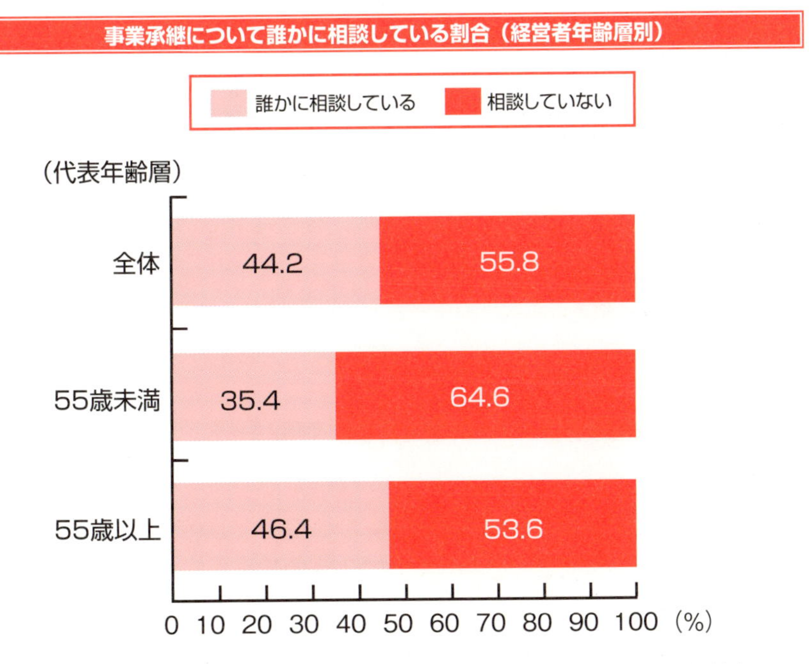

出典:中小企業庁『2006年版中小企業白書』より「「事業承継」「職業能力承継」アンケート調査」（2005年12月、三菱UFJリサーチ&コンサルティング）

12-3
誰に相談すべきか
問題点ごとに適当な相談相手を見つける

事業承継の成功には、問題点を相談できる相談相手の存在が不可欠です。事業承継の相談相手には、企業内部の相談相手と企業外部の相談相手がいます。必要に応じて上手に相談をしましょう。

内部と外部の視点が重要

事業承継を成功させるポイントの1つは、問題点ごとに相談することができる適当な相談相手を見つけることです。相談相手は大きく分けて、企業内部の相談相手と企業外部の相談相手があります。

企業内部の相談相手——親族や従業員など

企業内部の相談相手は、親族や従業員など企業内部にいる人々です。専門知識はそれほどいらないが、企業の創立経緯や風土などの内部事情には精通している必要がある相談事項の場合は、企業内部の相談相手を見つけるのが適当です。

この種の相談事項としては、後継者候補が複数いる場合の各候補者の比較や後継者教育のプログラム作成などがあります。

企業内部の相談相手に相談する主な目的は、現経営者の悩みを相談相手に共有してもらうとともに、事業承継について企業内部の人の理解を得る点にあります。

企業外部の相談相手——外部専門家や取引先

①外部専門家

外部専門家への相談は、専門技術的事項について専門知識を得ることが目的です。相談事項に応じて次のような専門家への相談が考えられます。

弁護士は、法律問題のエキスパートです。相続法や会社法が絡む問題については弁護士への相談が望まれます。

司法書士は、登記関係の専門家です。不動産の譲渡などが発生する場合は司法書士の関与が必要となります。

税理士は、税務問題のスペシャリストです。税金対策については税理士へ相談するとよいでしょう。

公認会計士は、会計のプロフェッショナルです。大企業相手の業務の方が一般的ですが、適当な相談相手を見つけることができれば頼もしい存在です。

一般コンサルタントは、仲介業者やアドバイザーなどさまざまですが、その質は千差万別です。経験実績ともに優れたコンサルタントがいる一方で、そうでないコンサルタントもいますので、相談する際は見極めが非常に重要です。

②取引先

事業承継の円滑な実行には、主要な取引先への根回しが不可欠です。

相談事項としては、事業承継が必要になった事情の説明や事業承継後の見通しなど一般的なことでよいでしょう。

主要な取引先への相談の主な目的は、事業承継に対する理解を得て、承継後の後継者による経営が円滑に進むよう備えをしておくという点にあります。

相談相手の選択

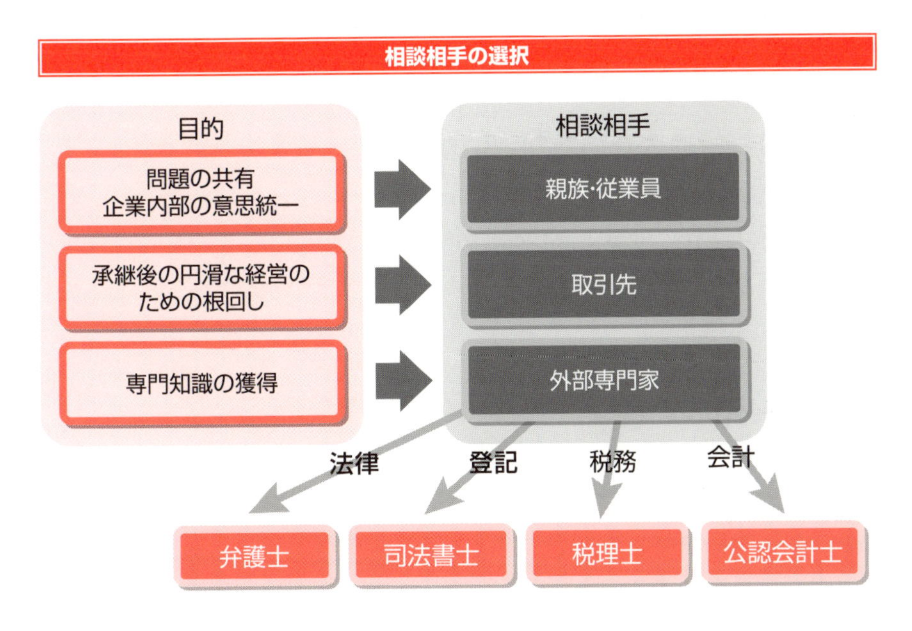

12-4 弁護士に相談する場合の注意点
専門分野をチェックする

顧問弁護士でもいないかぎり、弁護士との付き合いがある現経営者は多くないかもしれません。弁護士の専門分野もさまざまで、事業承継に対応できる弁護士を探す必要があります。ここでは弁護士に相談する場合の一般的注意点を見てみましょう。

専門分野の確認が必要

弁護士によって専門はさまざまですので、相談相手の弁護士が事業承継に関する問題に対応できそうかを確認することが重要です。

事業承継に関連する法律としては、相続法、会社法、契約法、税法、事業再生に関する法律などがありますので、このような法律に関する問題を取り扱っているかを1つのメルクマールにするとよいでしょう。

事務所の規模は大きい方がよいか

法律事務所の規模もさまざまですが、事業承継の相談をする場合に事務所の規模は重要でしょうか。事業承継の方法として比較的規模の大きいM&Aによることを考えている場合は、事業承継の実行にはある程度の人的資源が必要かもしれません。

この場合は、弁護士1人の事務所よりもM&Aにも精通している規模の大きい事務所の方が適当でしょう。

しかし、現在においても中小企業における事業承継の多くは、親族や従業員を後継者とする事業承継の方法をとることが予想され、生じてくる法律問題も相続法など家事事件の部類に含まれる問題であることが通常です。

このような通常の事業承継であれば、近くの少人数の法律事務所で全く問題はありません。重要なのは弁護士の専門分野であって、法律事務所の規模はほとんど関係ないと思ってよいでしょう。

弁護士の探し方

①知人などによる紹介

現在最も多いのは、知人などによる弁護士の紹介ではないかと思われます。たとえば、顧問税理士などがいる場合は、その顧問税理士には日ごろ付き合いのある弁護士がいることが多いため、紹介を頼んでみてもいいでしょう。

②各種法律相談の利用

そのほかに、弁護士を探すには、各地域の弁護士会が開催している法律相談を利用するという方法もあります。

③タウンページなどの利用

昔ながらの方法ですが、タウンページを利用して弁護士を探すという方法もあります。たとえば、タウンページで見つけた弁護士事務所をインターネットで検索してみるなど、他の方法と組み合わせることもできます。

④インターネットの利用

日本弁護士連合会のホームページ*の「**ひまわりサーチ**」や**中小企業基盤整備機構**の**認定経営革新等支援機関検索システム***を利用し、弁護士を探すという方法もあります。

弁護士の探し方のメリット・デメリット

	メリット	デメリット
知人などによる紹介	安心感がある	その弁護士と合わなくても断りにくい
各種法律相談の利用	試験的な相談がしやすい	担当弁護士の専門性や能力の幅が大きい
タウンページなどの利用	多くの弁護士が載っているため選択肢が多い	専門性や能力が不透明
インターネットの利用	専門分野ごとの検索も可能	能力は不透明。対応可能か吟味が必要

*日本弁護士連合会のホームページ　http://www.nichibenren.or.
*中小企業基盤整備機構の認定経営革新等支援機関検索システム　http://www.smrj.go.jp/shienkikan_search/search.php

12-5
税理士に相談する場合の注意点
事業承継の税金問題に対応できるか確認する

税務実務といえばやはり税理士です。中小企業であれば顧問税理士も一般化していますので、税理士とは日常的に付き合いがあるという現経営者も多いでしょう。ここでは、税理士に相談する場合の一般的注意点を見てみましょう。

税務相談の専門家

税理士は、税務実務のスペシャリストです。税金問題については、一番頼りになる存在であることは間違いないでしょう。

税理士にも得意分野がある

弁護士と同様、税理士にも得意分野、不得意分野があります。たとえば相続税の申告は経験したことがないという税理士も中にはいます。相談相手の税理士が事業承継に関連する税金問題に対応できそうか確認することは欠かせません。

信頼できる税理士の見極め方

「顧問税理士をお願いしているけれど、いつもうちの企業に来るのは担当社員さんで、税理士の先生には長らく会ってない」このような税理士への相談は注意が必要です。

帳簿の処理だけを行う分には問題ないでしょうが、事業承継の場合は、税務対策、経営相談など直接税理士と相談すべきことが次から次へと生じます。

ある程度の頻度で相談に応じてもらうことが難しい場合は、事業承継の相談に関しては避けた方がいいかもしれません。

法律問題が絡むときは注意が必要

現経営者にとって税理士は相談をしやすい存在ですから、事業承継に関する法律問題についても税理士が相談役となっていることがよくあります。

ただ、とくに相続問題が絡む場合など、税金対策としては節税効果も大きく魅力的ですが、法律的観点から見るとリスクが大きいという承継テクニックがあります。養子縁組で相続税の基礎控除額を増やす方法などは、ケースによってはこの種の承継テクニックに含まれます。

このような場合、税理士によっては節税効果に着目するあまり法律リスクを実際より低く見積もってしまうおそれが否定できません。

税務実務がわかる弁護士が少ないのと同様に、法律問題に必ずしも税理士が通じているわけではありません。

もちろん事業承継に関する法律問題の研究を行っている税理士も多く、このような税理士の法律アドバイスであれば問題ありません。

しかし、税理士の専門分野も法律知識もさまざまですので、念のため注意が必要です。

税理士の探し方

税理士の探し方は、基本的には弁護士の探し方と同様です。インターネットを通じて税理士を探す場合は、**日本税理士会連合会のホームページ***や**中小企業基盤整備機構**の**認定経営革新等支援機関検索システム***などを利用することができます。

税理士と弁護士の比較

	税理士	弁護士
登録者数	77,800人 （2018.12.31時点）	40,066人 （2018.3.31時点）
専門分野	税務実務、会計業務	法律業務一般
相談が望まれる事項	・税金対策 ・財務状況対策	・事業承継の法的枠組みの選定などの法的事項 ・相続紛争対策
注意が必要な分野	法的リスクを伴う税金対策に注意	税務実務に通じている弁護士は少数

＊日本税理士会連合会のホームページ　http://www.nichizeiren.or.jp/
＊中小企業基盤整備機構の認定経営革新等支援機関検索システム　http://www.smrj.go.jp/shienkikan_search/search.php

12-6 そのほかの専門家に相談する場合の注意点
司法書士、公認会計士、金融機関など

事業承継の際に生じる問題点はさまざまであり、その問題に対応できる専門家も数多くいます。ここでは、そのような専門家に相談する場合の一般的注意点と、専門家を探すことが難しい場合の相談先として中小企業基盤整備機構を説明します。

そのほかの専門家に相談する場合の注意点は？

事業承継を進めていくうえでは、多くの専門家への相談が必要となってきます。

弁護士や税理士への相談を行っている場合であっても、登記の問題が出てくれば**司法書士**の力が必要となってきますし、M&Aによる事業承継を検討する場合は、**公認会計士**の関与があれば心強いかぎりです。また、金融機関によっては後継者育成に関するセミナーを開催している機関もあり、後継者教育についても相談できる場合があります。

相談事項について、専門性を持つ専門家であるか確認すべきという点はいうまでもありません。たとえば資格を持っている司法書士であっても、債務整理に特化しており相続関係は対応困難という場合もないわけではありません。

一般コンサルタントなど資格がなくても行うことができる業務については、とくに慎重な吟味が必要です。資格不要の業態であれば、事件屋などの悪意を持った人物でも容易に参入することができてしまいます。もちろん大多数の一般コンサルタントは、良質なサービスを提供しており、資格を必要とする業態の専門家よりも優れたコンサルタントはたくさんいます。ただ、万一にも事件屋などに当たらないよう注意するに越したことはありません。

中小企業基盤整備機構への相談も

中小企業を総合的にサポートすることを目的とする機関として、**中小企業基盤整備機構***があります。中小企業基盤整備機構では、事業承継フォーラムやセミナーの開催、事業承継支援ネットワークの構築などのほか、各地域本部で事業承継に

* **中小企業基盤整備機構**　http://www.smrj.go.jp/

関するさまざまな相談も受け付けています。

後継者探しは事業引継ぎ支援センターで

後継者がいない企業と開業希望者のマッチングを通じて中小企業の事業承継をバックアップする機関として、各地に**事業引継ぎ支援センター**（または相談窓口）が設置されています。ここでは、民間の支援機関と連携して**M&Aの支援**を行ったり、「**後継者人材バンク**」への登録を行ったりしており、事業引継ぎ支援センターを通じて後継者を探すこともできます。

事業引継ぎ支援センターによる支援の内容

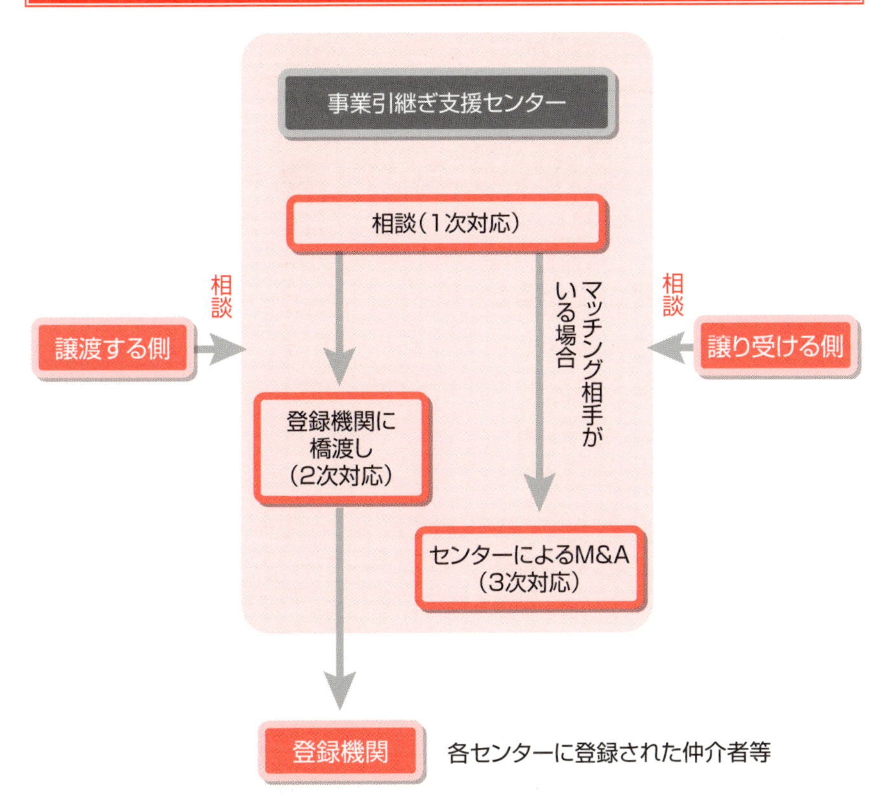

出典:中小企業庁「事業引継ぎハンドブック」（2017年4月）より

12-7 費用はどのくらいかかるか
相談料、承継計画の立案や実施にかかる費用

事業承継について専門家に相談する際の費用は想定される承継方法によりさまざまですが、相談の方法によって相談者側で決められる部分もあります。費用体系について、主に弁護士の場合を想定してみましょう。

事業承継の相談にかかる費用は？

専門家を利用した事業承継を検討する際は、まず専門家に相談し、想定される承継方法が何かを決めます。この相談の際には、相談料が発生するのが通常です。そのうえで、承継計画の立案や実施のアドバイスを依頼する場合は、通常は、専門家と契約を締結して事業承継を実施していくこととなります。この契約の際に、ある程度の費用がかかることとなります。

どのくらいの費用がかかるか

①相談料

初回の相談料は弁護士の場合で30分5000円～1万円（税別）程度が多いと思われます。

この相談料も専門家の種類や相談の内容によって異なり、無料相談もあればもっと高額な相談料が発生するという場合もあります。

②承継計画の立案や実施にかかる費用

弁護士の場合を想定すると、承継計画の立案や実施について専門家のアドバイスを得るための契約方法には、顧問弁護士の契約、タイムチャージ制の契約、定額制の契約の3種類があります。

まず、顧問弁護士契約を締結して、承継計画の立案や実施についてアドバイスを得る場合は、通常は毎月顧問料が発生します。日本弁護士連合会の最近の調査によれば、顧問弁護士の**月額顧問料**は3万円～5万円（税別）程度が過半数を占めるようです。

次に、**タイムチャージ制**の契約を締結して、アドバイスを得る場合は、その専門家の実際の仕事時間に応じた費用が発生します。タイムチャージの費用は、弁護士の場合で1時間につき2万円台から3万円台までが多いようです。

最後に**定額制**の契約を締結して、アドバイスを得る場合は、選択する承継方法や専門家の関与の仕方によって千差万別ですが、一般的には少なくとも100万円以上を見込んでおいた方がよいと思われます。とくに、M&Aを検討する場合は費用が高額化しがちです。

事前に費用を確認することが重要

費用の目安について、いくつか金額を出してみましたが、実は事業承継の費用というのはまだ相場がわかるほど固まっていません。ケースバイケースでかなり幅があるのが現状です。そこで、相談をした後、その専門家に事業承継のアドバイスを依頼したい場合は、想定される費用の見積もりを出してほしいとの希望を伝えましょう。もし、その専門家が見積もりを出さない場合は、依頼を控えた方がよいかもしれません。

事前にしっかりと費用を確認してから依頼することが重要です。

費用の目安（主に弁護士の場合）

	費用の目安	特徴
顧問契約	月額3 万円～5 万円程度	事業承継以外の問題についても気軽に相談可能です。
タイムチャージ制	1 時間2万円～3万円程度	費用に上限を設けることができるなど融通が利きやすい方法です。
定額制	100 万円以上 （M＆Aの場合は高額化）	通常契約時に一括で費用が発生しますが、費用総額は明確です。

12-8 事業承継タイムテーブル
いつ、何をすればいいのか

ここでは、事業承継の際にどのタイミングで何をすればいいのかをまとめてみましょう。もちろん実際のタイムテーブルは企業の数だけできるはずですが、イメージを持つための1つの参考にしてください。

親族内承継のモデルケースでは

実際のタイムテーブルは、承継方法や従来の準備状況によってさまざまですが、ここでは承継準備は全くなかった親族内承継を想定したモデルケースを見てみます。

①**50代になったらやるべきこと**：まずは引退時期を決めましょう。引退時期はさまざまですが、目安としては65歳から70歳くらいが適当です。

②**引退時期の12年前にやるべきこと**：事業承継の相談を開始しましょう。当初は親族など相談しやすい人に事業承継の意向を伝えるという程度でも構いません。この時期に後継者を絞り込みます。

③**引退時期の11 ～ 10年前にやるべきこと**:事業承継計画の作成作業を行いましょう。この計画作成の際は、専門家も含めて必要な相談を行うことが望まれます。

④**引退時期の10年前にやるべきこと**：事業承継計画の実行を開始します。とくに事前の準備がなかった場合は、10年ほどの期間が必要です。

⑤**引退時期の10年～ 8年前にやるべきこと**：導入的な後継者教育を実施します。具体的には、社内各職種の経験、セミナー参加などの教育方法があります。また、この時期から暦年課税制度で基礎控除額を利用して生前贈与を実行します。相続時の対策として公正証書遺言も作成するべきです。

⑥**引退時期の7 ～ 6年前にやるべきこと**：本格的な後継者教育を実施します。具体的には、後継者を役員に就任させたうえ経営に参加してもらい、経営の実地教育を行います。また、暦年課税制度で基礎控除額を利用した生前贈与を継続します。この時期には対内的に後継者を発表します。

⑦**引退時期の5 ～ 4年前にやるべきこと**：実践的な後継者教育を実施します。具

体的には、たとえば専務取締役などの肩書きのもと、現経営者の片腕として実際に経営判断を行ってもらいます。また、生前贈与は継続します。この時期には対外的に後継者を発表します。

⑧**引退時期の3年前にやるべきこと**：社長職を承継します。同時に贈与税の納税猶予制度や相続時精算課税制度を利用できる場合は、これらの制度を利用し、自社株式やまとまった事業用資産などを生前贈与します。

⑨**引退時期の2～1年前にやるべきこと**：必要に応じて現経営者は会長として相談役になり、後継者の補佐をします。また、相続時精算課税制度を利用した生前贈与を継続します。

⑩**引退時期の到来時にやるべきこと**：現経営者は完全に引退します。生前贈与は継続します。

事業承継タイムテーブル（67歳で引退する場合）

現経営者の年齢（引退○年前）	やるべきこと
50代前半	・引退時期の設定（65歳～70歳くらいが目安）
55歳（引退12年前）	・事業承継の相談開始 ・後継者の決定
56～57歳（引退11～10年前）	・事業承継計画の作成
57歳（引退10年前）	・事業承継計画の実行開始
57～59歳（引退10～8年前）	・導入的後継者教育 ・生前贈与の実行 ・公正証書遺言の作成
60～61歳（引退7～6年前）	・本格的後継者教育 ・生前贈与の継続 ・対内的に後継者を発表
62～63歳（引退5～4年前）	・実践的後継者教育 ・生前贈与の継続 ・対外的に後継者を発表
64歳（引退3年前）	・社長職の承継 ・生前贈与の継続（相続時精算課税制度）
65～66歳（引退2～1年前）	・現経営者は会長として相談役 ・生前贈与の継続（相続時精算課税制度）
67歳（引退）	・現経営者の完全引退 ・生前贈与の継続（相続時精算課税制度）

ワンマン社長がなかなか退かないとどうなるか

中小企業は大企業に比べて規模が小さいため、経営者の個性が強く影響します。

現経営者は取引先、従業員に対して絶大な影響力を持っています。そのような影響力は、行使する人にとっては気持ちのよいものですから、自分からは、なかなか手放すことができません。

そうはいっても、人間いつかは亡くなります。男性の生存率は60歳から急激に低下しますので、そのリスクは現経営者が60歳を超えるあたりから急激に上昇します。中小企業の事業承継は、取引先や従業員との関係で、後継者が現経営者と同様に信用されるようになることが必要ですので、ある程度時間がかかります。したがって、事業承継を実際に行うには、事業承継の時期を設定したうえで、計画的に行うことが必要です。

しかし、現経営者がなかなか事業承継の準備を行わなければ、しっかりとした計画を立てることはできないし、十分な時間をとることもできません。最終的には、いざ、現経営者が事業承継を望んでも時間がとれず、また、適当な後継者も見つからず、円滑に事業承継が行われないことになり、対外的には取引先に、対内的には従業員に迷惑をかけ、企業の価値自体の低下を招くことになってしまうのです。しかし、このことは、現経営者が必ずしも望むところではないと思います。

そのようなとき、現経営者は、もし、親などから事業を承継した場合は、承継した当時の自分の姿を思い出してください。また、自ら起業した場合は、起業した当時の自分を思い出してください。そうすれば、たとえ後継者が現経営者と比べて頼りなく見えても、その点はある程度大目に見ることができるはずです。また、「地位が人を作る」といいますから、後継者にどんどん任せることを試みてください。

じきに現経営者が想像しないほどの成長を遂げることになると思います。現経営者は自らの地位に固執することなく、事業承継の時期を考慮のうえ引退していくことが必要なのです。

Appendix

参考資料

・事業承継をサポートする機関

・参考文献

・索引

図解入門
How-nual

資料1
事業承継をサポートする機関

●事業引継ぎ支援センター

2019年3月4日現在

都道府県	電話番号	都道府県	電話番号
北海道	011-222-3111	福井県	0776-33-8283
青森県	017-723-1040	滋賀県	077-511-1503
岩手県	019-601-5079	京都府	075-255-7101
宮城県	022-722-3884	大阪府	06-6944-6257
秋田県	018-883-3551	兵庫県	078-367-2010
山形県	023-647-0663	奈良県	0742-22-0175
福島県	024-954-4163	和歌山県	073-422-1111
茨城県	029-284-1601	鳥取県	0857-20-0072
栃木県	028-612-4338	島根県	0852-33-7501
群馬県	027-265-5040	岡山県	086-286-9708
埼玉県	048-711-6326	広島県	082-555-9993
千葉県	043-305-5272	山口県	083-902-6977
東京都	03-3283-7555	徳島県	088-679-1400
東京都多摩地域	042-595-9510	香川県	087-802-3033
神奈川県	045-633-5061	愛媛県	089-948-8511
新潟県	025-246-0080	高知県	088-802-6002
長野県	026-219-3825	福岡県	092-441-6922
山梨県	055-243-1830	佐賀県	0952-20-0345
静岡県	054-275-1881	長崎県	095-895-7080
愛知県	052-228-7117	熊本県	096-311-5030
岐阜県	058-214-2940	大分県	097-585-5010
三重県	059-253-3154	宮崎県	0985-72-5151
富山県	076-444-5625	鹿児島県	099-225-9533
石川県	076-256-1031	沖縄県	098-941-1690

中小企業基盤整備機構「事業引継ぎポータルサイト」(http://shoukei.smrj.go.jp/)より

●専門機関

日本弁護士連合会	03-3580-9841(代)
日本税理士会連合会	03-5435-0931(代)
日本公認会計士協会	03-3515-1120(代)
中小企業診断協会	03-3563-0851(代)
日本司法書士会連合会	03-3359-4171(代)

日本行政書士会連合会	03-6435-7330(代)
日本商工会議所	03-3283-7823
全国商工会連合会	03-6268-0088
中小企業基盤整備機構 事業承継・引継ぎ支援センター	03-5470-1576
中小企業基盤整備機構 中小企業事業引継ぎ支援全国本部	03-5470-1595

●政府系金融機関

日本政策金融公庫	0120-154-505(事業資金相談ダイヤル)
沖縄振興開発金融公庫	098-941-1785(本店　融資第二部) 098-989-6604(中部支店　業務第一課) 0980-52-2338(北部支店　業務課) 0980-72-2446(宮古支店　業務課) 0980-82-2701(八重山支店　業務課)

資料2
参考文献

○事業承継協議会事業承継ガイドライン検討委員会「事業承継ガイドライン」(2016年12月)
http://www.chusho.meti.go.jp/zaimu/shoukei/2016/161205shoukei1.pdf

○中小企業白書 2005年版～2017年版
http://www.chusho.meti.go.jp/pamflet/hakusyo

○信託を活用した中小企業の事業承継円滑化に関する研究会「中間整理～信託を活用した中小企業の事業承継の円滑化に向けて～」(2008年9月)
http://www.chusho.meti.go.jp/zaimu/shoukei/2008/download/080901shokei_chun.pdf

○中小企業庁「事業承継ハンドブック～これだけは知っておきたいポイント29問29答(平成23年度税制改正対応版)」(2011年11月)
http://www.chusho.meti.go.jp/zaimu/shoukei/pamphlet/2011/download/jigyoshokei_1116.pdf

○中小企業庁「事業引継ぎハンドブック」
http://www.chusho.meti.go.jp/zaimu/shoukei/2015/150407hikitugi2.pdf

○経営者保証に関するガイドライン研究会「経営者保証に関するガイドライン」
http://www.jcci.or.jp/chusho/kinyu/131205guideline.pdf

○鈴木義行編著『事業承継実務ハンドブック(第4版)』(中央経済社、2018年11月)

○TKC全国会システム委員会等監修『Q&A特例事業承継税制』(TKC出版、2018年6月)

○国税庁「非上場株式等についての贈与税・相続税の納税猶予・免除(事業承継税制)のあらまし」(平成30年4月)
http://www.nta.go.jp/publication/pamph/sozoku-zoyo/201804/01.pdf

○国税庁「非上場株式等についての贈与税・相続税の納税猶予及び免除の特例措置等に関する質疑応答事例について」(2018年12月)
https://www.nta.go.jp/publication/pamph/jigyo-shokei/pdf/201812_01.pdf

○財務省「平成31年度税制改正の大綱」(2018年12月)
https://www.mof.go.jp/tax_policy/tax_reform/outline/fy2019/20181221taikou.pdf

○中小企業庁「平成31年度中小企業・小規模事業者関係税制改正について」(2018年12月)
http://www.chusho.meti.go.jp/zaimu/zeisei/2018/181226zeiritu.pdf

○中小企業庁「平成30年度事業承継税制の改正の概要」(2018年4月)
http://www.chusho.meti.go.jp/zaimu/shoukei/2018/shoukei_manual_1.pdf

○経済産業省「平成30年度　経済産業関係　税制改正について」(2017年12月)
http://www.meti.go.jp/main/zeisei/zeisei_fy2018/zeisei_k/pdf/zeiseikaisei.pdf

○中小企業庁「特例承継計画に関する指導及び助言を行う機関における事務について」(2018年4月)
http://www.chusho.meti.go.jp/zaimu/shoukei/2018/180515shoukeizeiseiManual.pdf

○中小企業庁：財務サポート「事業承継」
http://www.chusho.meti.go.jp/zaimu/shoukei/index.html

○中小企業基盤整備機構
http://www.smrj.go.jp/

○事業承継ポータル
http://j-net21.smrj.go.jp/well/shoukei_p/

○事業引継ぎポータルサイト　中小企業基盤整備機構
http://shoukei.smrj.go.jp/

○国税庁
http://www.nta.go.jp/

○日本政策金融公庫
http://www.jfc.go.jp/

○日本弁護士連合会
http://www.nichibenren.or.jp/

○日本税理士会連合会
http://www.nichizeiren.or.jp/

○日本公認会計士協会
http://www.jicpa.or.jp/

○日本司法書士会連合会
http://www.shiho-shoshi.or.jp/

○日本行政書士会連合会
http://www.gyosei.or.jp/

○中小企業診断協会
http://www.j-smeca.jp/

○日本商工会議所
http://www.jcci.or.jp/

○全国商工会連合会
http://www.shokokai.or.jp/

索引
INDEX

アルファベット

あ行

か行

さ行

た行

な行

は行

ま行

や行

ら行

著者紹介

監修

弁護士法人　リバーシティ法律事務所

平成13年　リバーシティ法律事務所設立
平成18年　リバーシティ法律事務所を弁護士法人リバーシティ法律事務所に改組
所属弁護士　9名（うち女性弁護士3名）
取扱分野　事業承継/企業法務/遺言/相続/遺産分割/労働/不動産に関する法律（売買・借地借家など）/交通事故/離婚/契約書（英文含む）作成・チェック/著作権/商標権/インターネット通販の法律（並行輸入の問題、商標、不競法など）/化粧品に関する法律（製造や販売など）/IT関係の法律問題（ベンチャー、著作権、商標、規約作成）/ロボットに関する法律/個人情報に関する企業の法律/破産・債務整理/民事再生・個人再生ほか

ホームページ　https://www.rclo.jp/

著者

宮本　勇人（みやもと　はやと）

弁護士法人　リバーシティ法律事務所　弁護士
専門分野：事業承継/企業・個人に関する倒産処理全般（破産・民事再生）
著書：『慰謝料算定の実務』（ぎょうせい、千葉県弁護士会編）、『お役所とのトラブル解決法』（自由国民社、共著）など

加藤　美香保（かとう　みかほ）

浅田・中嶋・加藤法律事務所　弁護士
専門分野：事業承継/会社法/不動産に関する法律
著書：『人にやさしい会社　安全・安心、絆の経営』（白桃書房、共著）など

本田　真郷（ほんだ　まさと）

法律事務所羅針盤　弁護士
専門分野：事業承継/相続/中小企業法務
著書：『遺産分割事件処理マニュアル』（新日本法規出版、共著）など

和田　はる子（わだ　はるこ）

弁護士法人　リバーシティ法律事務所　弁護士
専門分野：事業承継/企業・個人に関する倒産処理全般（破産・民事再生）/離婚など
著書：『図解　すぐに使える！契約書式文例集』（秀和システム、共著）など

川名　秀太（かわな　しゅうた）

弁護士法人　リバーシティ法律事務所　弁護士
専門分野：事業承継／家事事件（相続・遺言・離婚・親子）など

図解入門ビジネス
最新 事業承継の対策と進め方がよ〜くわかる本［第3版］

発行日 2019年 3月25日 第1版第1刷

監 修 弁護士法人リバーシティ法律事務所
著 者 宮本 勇人／加藤 美香保
／本田 真郷／和田 はる子
／川名 秀太

発行者 斉藤 和邦
発行所 株式会社 秀和システム
〒104-0045
東京都中央区築地2丁目1−17 陽光築地ビル4階
Tel 03-6264-3105（販売） Fax 03-6264-3094
印刷所 三松堂印刷株式会社 Printed in Japan

ISBN978-4-7980-5743-9 C3034

定価はカバーに表示してあります。
乱丁本・落丁本はお取りかえいたします。
本書に関するご質問については、ご質問の内容と住所、氏名、電話番号を明記のうえ、当社編集部宛FAXまたは書面にてお送りください。お電話によるご質問は受け付けておりませんのであらかじめご了承ください。